荆楚文庫

〔民國〕武漢名勝志稿

佚名撰

荆楚文庫編纂出版委員會
湖北人民出版社

荆楚文庫

〔民國〕武漢名勝志稿

MINGUO WUHAN MINGSHENG ZHIGAO

圖書在版編目（CIP）數據

〔民國〕武漢名勝志稿 / 佚名撰.
武漢：湖北人民出版社，2024.11.
ISBN 978-7-216-10891-1
Ⅰ.K928.706.31
中國國家版本館 CIP 數據核字第 2024RU0490 號

責任編輯：胡　濤　陳　典
整體設計：范漢成　曾顯惠　思　蒙
美術編輯：董　昀
責任校對：范承勇
責任印製：肖迎軍
出版發行：湖北人民出版社（中國・武漢）
地址：武漢市雄楚大道 268 號
電話：(027)87679656　郵政編碼：430070
録排：武漢鑫偉創圖文設計有限公司
印刷：湖北新華印務有限公司
開本：787mm×1092mm　1/16
印張：30.25
字數：419 千字
版次：2024 年 11 月第 1 版　2024 年 11 月第 1 次印刷
定價：190.00 元

ISBN 978-7-216-10891-1
9 787216 108911 >

《荆楚文庫》工作委員會

主　　任：王蒙徽

副 主 任：諸葛宇傑　琚朝暉

成　　員：黄泰巖　余德芳　何麗君　劉海軍　周　峰

李述永　夏立新　謝紅星　劉仲初　黄國斌

辦公室

主　　任：蔡静峰

副 主 任：董緒奎　唐昌華　周百義

《荆楚文庫》編纂出版委員會

主　　任：王蒙徽

副 主 任：諸葛宇傑　琚朝暉

總 編 輯：郭齊勇　馬　敏

副總編輯：熊召政　劉海軍

編委（以姓氏筆畫爲序）：朱　英　邱久欽　何曉明

周百義　周國林　周積明　宗福邦　陳　偉

陳　鋒　張良成　張建民　陽海清　彭南生

湯旭巖　趙德馨　蔡静峰　劉玉堂

《荆楚文庫》編輯部

主　　任：周百義

副 主 任：周鳳榮　周國林　胡　磊

成　　員：李爾鋼　鄒華清　蔡夏初　王建懷　鄒典佐

梁瑩雪　丁　峰

《荆楚文庫·方志編》編纂組

組　長：賀定安　陽海清（執行）

副組長：劉傑民（執行）　王　濤　謝春枝　范志毅（執行）

參編人員（以姓氏筆畫爲序）：

王　濤　李云超　宋澤宇　范志毅　馬盛南　柳　巍　陳建勛

梅　琳　張文静　張雅俐　陽海清　彭余焕　彭筱澂　賀定安

楊　萍　楊愛華　雷　静　劉傑民　謝春枝

編　審：周　榮

顧　問：沈乃文　李國慶　吴　格

出版説明

湖北乃九省通衢，北學南學交會融通之地，文明昌盛，歷代文獻豐厚。守望傳統，編纂荆楚文獻，湖北淵源有自。清同治年間設立官書局，以整理鄉邦文獻爲旨趣。光緒年間張之洞督鄂後，以崇文書局推進典籍集成，湖北鄉賢身體力行之，編纂《湖北文徵》，集元明清三代湖北先哲遺作，收兩千七百餘作者文八千餘篇，洋洋六百萬言。盧氏兄弟輯録湖北先賢之作而成《湖北先正遺書》。至當代，武漢多所大學、圖書館在鄉邦典籍整理方面亦多所用力。爲傳承和弘揚優秀傳統文化，湖北省委、省政府决定編纂大型歷史文獻叢書《荆楚文庫》。

《荆楚文庫》以『搶救、保護、整理、出版』湖北文獻爲宗旨，分三編集藏。

甲、文獻編。收録歷代鄂籍人士著述，長期寓居湖北人士著述，省外人士探究湖北著述。包括傳世文獻、出土文獻和民間文獻。

乙、方志編。收録歷代省志、府縣志等。

丙、研究編。收録今人研究評述荆楚人物、史地、風物的學術著作和工具書及圖册。

文獻編、方志編録籍以一九四九年爲下限。

研究編簡體横排，文獻編繁體横排，方志編影印或點校出版。

《荆楚文庫》編纂出版委員會

二〇一五年十一月

前言

《〔民國〕武漢名勝志稿》三卷，佚名撰，民國稿本。

《〔民國〕武漢名勝志稿》，又名《武漢圖經》，散稿以薄宣紙寫就，多以行書，間有少量楷體，無行格，内容有增删塗改，筆迹與原稿字迹同。書頁有破損，散亂無序號，未裝訂。從記事内容看，以武昌爲省垣，有『民國二十一年（一九三二）三月隨州何成濬』等字樣，最晚記事至『民國三十二年（一九四三）』，判斷此本係民國時期稿本。

志分上中下三卷，武昌居卷上，漢陽列卷中，漢口入卷下。全志記武漢三鎮之山川、疆域、名勝、古蹟、金石、藝文等。其時武昌爲行政首府，文教重地，筆墨最多，幾居半，其中楹聯部分占篇幅甚夥。漢陽記鸚鵡洲、古琴臺、歸元寺、晴川閣等。漢口又單列目録，分目川流、疆界、街坊、鎮市、交涉官階、商務、寺觀、金石、流寓、藝文、纔録（雜談），又意下分，有江防及商業資料。

此稿爲未竟之作，不見付梓。文字或來源史志典籍，或修撰者親歷筆録，詳略殊異，蓋因選材傾向，亦或資料所限，如漢口《光宣江漢關道年表》顯爲草擬框架。雖如是，此志亦爲其時概覽漢鎮之人文景觀資料，史料價值堪用，有待進一步挖掘整理。

此稿本目前藏於湖北省圖書館，共二百八十五頁，分九扎以宣紙包裹，亂序散頁，未整理。一九九八年華中理工大學出版社《中南、西南地區省、市圖書館館藏古籍稿本提要》收録此志，記載其爲八扎。因無本比對，無原始書頁數記載，未知是否有資料散佚。

此次出版以目前所見存稿，按内容將武昌、漢陽、漢口分别聚合。全志無完整目録，且存稿體量較小，故卷下門目依存稿多少粗分爲：山川疆域、名勝古蹟、金石藝文、人物、商務等，如漢口之流寓僅一頁者，并入金石藝文。門目之内除明顯前後顛倒之調整，多依憑原稿順序，未再細分。（宋澤宇　楊愛華）

目録

武漢圖經

山川 郡城 名勝 古蹟 金石 藝文

山川

蛇山

方輿紀要黄鵠山一名黄鶴山起城東而達於西南隅山形蜿蜒俗名蛇山　同治府志云山自咸寧南來入邑北行復折而西邐迤至城東綿亘如長蛇

高觀山

爲蛇山中峯高而瞻遠故名或謂爲高冠以狀肖也

楚藩易名長春山

胭脂山　在縣城東北山脊皆石色赤如脂又名鞭指山

崇府山　俗名崇福　在縣城東北明崇陽王封在其村歲

鳳凰山　在縣城北二里吳黄龍元年鳳凰來集故名（同治八年）湖廣志云前有孟母塚今在貢院墻内唐岑參詩路指鳳凰山外雲即此

梅亭山　在高觀山南三里中和门子城上山頂有明太祖分封御製碑文

洪山　在縣東十里　舊名東山　宋末隨州叛被兵荊湖制置使孟珙遷大洪山靈濟慈忍斷足及洪山寺額其從移此遂詔呼曰洪山　東山記勒諸後石壁

九峯山 在縣東五十里，山環如城，列峯九：曰獅子山、銲盂山、寶蓋山、淡碧山、石門山、陽邏山、馬鞍山、下笞山、黃龍山。獅子峯最尤形勝地。楚藩命蔡臨二尚出金建寺，以居高僧無竺。洪武末初建正覺禪林，崇禎十四年祠被去劫焚。

青山 在縣東北二十五里，尾亞長湖，首枕大江，有磯曰青山磯，古有洞庭廟

江

江自嘉魚入境　又東逕魯山西合漢水　明史漢水

舊逕山南襄河口入江

涌在江陵縣東南逕華容縣南又東逕監利縣南

杜預曰漢水曲入江　即夏口一曰漢口一曰沔口　此江之夏名所流

左魯山口亦謂之魯口也

江夏郡志云

夏

夏水出江

舊邑西境也

湖

漨陽湖　在高觀山陽一曰南湖湖內有墩隨水消長名曰墩子湖賀文忠殉節處習字高學泰易名亞相湖

蕩湖　在蕩吳浴　按此湖俗名司湖

洲

白沙洲

在金沙洲外洲南即江岸金城隄瀕江崩缺圩入對岸漢陽縣与河泊所小洲合成大洲錢粮仍归江夏更名補糧洲

金沙洲

在城外鷄公橋西南距沙江口与白沙洲对河水

自中江出

歌笛湖　東湖左滋陽湖北一曰歌笛湖林木蔚薈菰芦取膜為笛簧今山岸側猶多之芦

東湖　在縣東四里地與紀勝誌湖上有東園為近城名勝

南湖　在縣東南十五里周二十里舊名赤欄湖與江通長堤為隄長街貫其中四旁居民蟻附

沙湖

在縣東北一里

古蹟

鄂渚　在縣西黃鵠磯上三百步，隋立州以渚故名為鄂（見輿地紀勝）楚辭乘鄂渚而反顧

卓刀泉　距縣東十五里，關廟殿前道旁其水有香泉，飲之不竭，一說在漢昭烈郊壇下，一說漢壽亭侯行軍於此卓刀得泉，明楚昭王英爚飲之味甘，因為甃石，復以亭

白龍池

在黃鶴樓左子城上。明隆慶六年，沿江居民苦災，從形家言鑄鐵爲池於上，城下災熄。

孟宗井

在都司署前，蓋孟宗故宅。

中泠井

在黃鶴樓下。明王弇州中泠館集序有曰：楚王孫鎮國將軍仲和，博古多述，嗜執若酒雲從國，武昌城中爲高樓，頫瞰黃鶴磯，其下有井，與大江脈通，仲和飲而甘之，名曰中泠，其館亦曰中泠館。

古蹟

讀書堂　江夏志云李白讀書堂在頭陀寺見下後志

馮京宅　在東山里雲寂三東　江夏志云馮京生三元坊

建有亭今廢

李北海宅　即今修靜寺在郡東北隅山右

鐵牛

江夏志云：鎮水犀二，一沉於江，一在平湖門外江廟。歲久朽壞，江水泛溢。道光二十九年知縣梅鎮薑捐鐵重鑄，永遠藏。

武漢圖經卷

寺觀

武昌省

黃龍寺　棲隱寺

三佛閣／觀音閣　寶通寺　報恩寺　正覺
關帝廟　武當宮　呂祖閣　白龍廟　龍神廟

古頭陀寺（今觀音閣）

古頭陀寺建於六朝另有考證

民國十五年前觀音閣址在漢陽門外江边大門南向殿內朝西殿沿綠以聲垣壁上横額有古頭陀寺四大字國民政府成立前湖北建設廳長石瑛任內移置黃鶴樓下石磯旁即今觀音閣也民國二十年辛未住持曉山風社建門楣以古頭陀寺直稱額詳見藝文金石古蹟及同治江夏縣志金石志采附註今頭陀寺改觀音閣尤為確據

洪山寶通寺

此其隨縣之大洪山寶通寺有別　元至正年間黃溍武昌大洪山寺記碑尚指今省垣之寺也

清康熙十五年曾加修時列保莊遊此稱其寺洪嚴甲天下說洪山寺建於武昌在東門外蛇山之麓爲明楚王所立道場有豐碑在鐘樓前紀年爲景泰開山此保護名號空禪師保莊所述與洪山寶通寺形勢脗合甚似保莊記獅乘每與隨駕洪山相請今武昌大叢林以此爲最宜保莊又比之北京西山諸梵刹制也

龍華寺

在省垣閱馬廠後沙望東首數十武今尚門首龍華寺三大字石匾額與院内黃竹竟所書碑記同一筆跡黃氏碑記書於光緒十九年癸巳距今十五年

四百年矣碑記與門額俱存即此已見寺之久而幸存
院內有明代碑記一方完好及收沿近光緒民國
各碑均嵌墻壁字均無剝落可哉其寶石再
門內

長春觀

祇華寺近東約百數十武即長春觀舊志稱
邱真人建元史釋老傳當嘉定後元人南侵
掠殺計邱真人言於世祖所活無算鄂洲之有長
春觀殆以民感恩建以崇奉如有經始於宋淳熙則

待考耳觀後向有矮屋多間如書院棚號坐位

道衲念在此打座俗謂修仙如僧之參禪入定也客

堂左偏有祠修官文恭公文及按撫嘗李世忠像

均鎸銅頂黃馬褂玫瑰因楠額碑記計九同治二年

官林邑諸楊剏倡四修葺此[illegible]

歷八九十年[illegible]未毀都以其指歲之錢紀[illegible]之久

与蔣村之力概可見焉別院有皇[illegible]閣西首據

南招遊

寶通塔　江夏志古蹟——在洪山，傳爲唐貞觀中尉遲鄂公監造。引湖北金石存佚考云：又江夏志金石前人謂元代洪山寺塔俗相傳以爲唐鄂公尉遲敬德建，至刊許論陳大年洪山四詠亦沿其說而不知其誤，以爲李宜於宋末不應唐初先有是塔也。須據記足以証明矣。

猫石　江夏志古蹟云：在龍華寺大雄殿月臺石級上，脫形處高尺許，凡觀者摩以求毛爪相生，宛然虛寺在賓陽門內，蓋一大剎也。

鎮水犀　江夏志古蹟——犀二，一沉於江，一在平湖門外紅廟磯，年久朽壞。江水注蹴，道光二十九年，知縣梅□捐，照舊鑄，水遂滅。

武漢園墅卷

武昌、園林

武昌

熊園

武昌熊襄愍公別業也同治江夏縣志載襄愍公家居時所構在中和門內園横闊六七里宛一幽僻衙旁內濬小溪九曲每曲一亭沿溪亭內雜植

按同治修志時已稱廢之後茲則中和門名稱僅存耳

止園

清曾之裕字霓齊安徽太湖人其先世本麻城籍
洊官安襄郧荆道致任即僑居於江夏構止園娛
老子孫遂分占籍爲江夏之麻城焉見同治江夏縣志
綜序

張月卿園林

今武昌首鳳巷有月卿尚書凱嵩故宅存焉戊前若咸鄧君亦居其宅時往遊談見別院曲室甚多每過一處輒見題額樹木亦無恙也按鄧君言為書師隱後每年於節編張宮燈至百餘具其他可知以王氏存心濟口堂謹致之財寸園前楹有聯集齋之東曰眺金亭中楹曰疏字聯之西有步欄迴而有孝石曰若玉堆而寸園中自有名題署尚不在內可見承平時武昌之勝概也

熊園　江夏志｜｜襄愍公家居時所搆在中和門內園橫闊六七里苑一座湖廣藩內諸小溪九曲每曲一亭詔復奇拜　梅公庵

明楚藩故宮　江夏志云｜｜｜｜在高觀山下前臨大朝街左園爲廢右長街宮廣二里袤倍之皮石爲城明季兵燹所存府制惟正陽端禮東華西華摩載諸門及梳妝台金魚池而已舊志謂宮內有二山東曰紫金西曰梅山今俱已蕪

賀公祠　在府學前祀文忠公父理學陽亨先生並文忠

李北海宅　江夏縣志疆土類附古蹟　在〻〻〻即今修靜寺在縣東北洪山右

汪泉宅　江夏志附古蹟附　〻〻〻在縣南夾山里靈泉山東　靈泉山在縣東六十里有泉旱禱輒應因名

李白讀書堂　江夏志古蹟〻〻〻　在頭陀寺見一統志

皮日休讀書堂　仝上　〻〻〻　在頭陀寺見一統志

高觀山 廣湖雜記：黃鵠磯桂霜湯月臺有小石碑云此即元之高冠山也。意者因鄰往有高觀楼而字之，人狃此益觀（?）後遂因之。高觀山後說观亦鄰，即接高觀山東今可舊街下首有高坡，可通象院坡，後來亦有高觀書院，即在此山。

孟宗故宅 一 巡道嶺張文炬宅即孟宗故里。文炬構宅時得古碣，題曰宅內入門右首二言。此事見戊寅宅問寫生，不知原石與宅尚存否。江夏志：孟宗故宅在孟城西鄉，以下宗父君若濟孝廉子父辰記，愛其耕成積竹千計，遂建母廟，思昔宗哭竹之故，為哭竹亭。舊志又謂在今左衛署，或喬其傳為孫，據今有正衛與（白鶴山未知孰是）巡道嶺不遠，與文炬宅地（即宗故里也）則在衛之說更可（?）

又江夏物產記業數

孝感祠 在縣東二里，祀孝子孟宗。宗（?）
開建 明代遷武昌衛，遷北即宗故宅，宏治間知府冒政建於大東門外白鶴山。戊午，御史王恩以宗武穆王合祀屆曰

忠孝祠　知府陳脇立石，大學士王鏊有記，今於稗别祀其祠假熱

孟母臺　江夏志——在城北鳳凰山椒，即宗母也云。又宗臺附焉

江漢書院址

同治江夏縣志明督學葛寅亮講學處後廢

明代在文昌門外。順治間同知霍公藹開府移建於忠孝門內糧儲司署，後改建為書院。康熙中巡撫陳詵、張連登、林天擎等先後捐修，並購書捐貲，給諸生中額每年兩次，資膏火，後以捐資給之，皆試功令文。此其得於其歷任書院山長最著者，康熙年王豐川、沈菼，乾隆中王汝驤、王廷鴻、秦，嘉慶中陳詩，道光中袁金溪，同治中霍以誠、吳、張裕釗，此其大較也。

經心書院址

同治中張文襄以翰林督學政，建經義治事學舍，後定其址在萬湖，改為經心書院。擇學科試優等諸生，延文學專師講授，後另創中西以輔，並尚輔等書院於學署之右，合三十年，文學卓著之士皆出此。後改為存古學堂。

蛇山

（本縣誌所著者山在府西南，一名黃鵠山）此山即黃鵠山（宋陸游入蜀記謂之石城山）黃鵠山今人通稱蛇山

則由清初相沿而來，在顧祖禹著方輿紀要時已

有此名。按據入蜀記所謂石城山繚繞如伏蛇

之語而名。至此城之名，則為郡州治，城在此

山也。

武昌路

俗稱南樓為古樓洞，稱武昌路為新鼓樓。此武昌路

穿蛇山為洞，取便往來，乃破除形家風水之說。時日人封

此洞置軍火，後更為啟之，程某改換楚之法，任副使時為疑如故。

撫署

順治十二年撫署始遷建在此，任此署之前任也。撫而刺北麒

至景星，名月汀，其任內指裁併其署，又址名後所營造之，今為民宅甚

原為幕府大衙所作，機庫因撫署向來不吉，廢置荊林莫在此

山缺形家謂蛇山穀以其三面向蛇山洞口嬉[illegible]其說

崇文書局

王良佳傳叢談云同治庚午於府城以紳設提倡文學設有崇文書局設時於本局刊書爲求康熙間同[illegible]觀其[illegible]刊本局在後改[illegible]即今蛇山嶺之招書處迄以中[illegible]書本外有[illegible]匪凡崇文書局字樣者多爲迎賓以爲初印本又抗戰時指揮其全藏版而移今圖文館舊存有五圖書館英

民國改爲官書處

宣統通志府署東崇文書局在[illegible]府街正覺寺內同治六年湖廣總督李瀚章湖北巡撫曾國荃創設光緒三年改爲經理後改官書處移設巡道嶺

同治江夏縣志謂勺庭學一府生童肄業

勺庭書院

在忠孝門內清末爲武昌府課吏館民國改勺庭中學地在左

今閱黃中學對以康熙中湖北提學爲太興蔣有德字勺庭創建此書院因以其字名院

花堤　清末民初有上花堤下花堤之稱皆沿堤居民歷
管防署局劃分之地在平湖門內宋政和間因水溢壞城
武昌知軍陳邦光知州李基共築之今皆為街市矣

雄楚樓　清末為御試考生借住或設館授徒者所居
有佳詩僧名曉嶽與善彈琴能詩工畫與名流往還有
時分方丈室延客之如羅田周錫恩大冶朱孝蘭鄂城陳
元年等嘗寄住此在舊巡撫署後奉祀都御史趙賁

所建。癸未兵燹，康熙十五年布政使徐惺重建。今又燬矣。

按：雄楚樓依山瞰白，氣勢雄，隆慶中巡撫吳某在其前，萬曆初都御史汝陽趙賢撫湖北，始移而北之，建此樓。崇禎癸未燬。康熙十四年，上元徐惺來為布政，因舊址重建之。回首昭撫黃陵，園之樓也，見前志與王氏自後叢談。

按同治江夏志云：雄楚樓在蛇山，撫吳某建，萬曆初都御史趙賢建。癸未兵燹，康熙十五年布政使徐惺重建。

蒼江及四怒長春觀即真人建元史祥斷付高嘉靖之人尚優新標去計部真人
言校世祀所依無算郡州之有長觀殆難民感恩建世豪寺必有記於宋
謀迎則持者乎
明將封蔣僕朱檟而廢其即在黃鵠山廢左因俗長春觀
山上又建寺改擬寄崇長春觀為古長春寺
道祠多年修煉春氣結之有等名稱未成廢本定論
根址也觀後向有捷徑多路通外科橋廟殿廢學位道祠原
在此打座為僧之入定也書堂外有祠祀俗文房一龕一區
閣衣劍鈿頂且名著黃鶴祠同治中官為禁之重新修其像則英氣真太露宜不甚似大殿
李聘卿像為祠像
上有樓上亭聘鄂都觀內祀之上
以其朝未而此作五人乙派保修整六以世
必殺者云萬振捐出主席處計實皆前稿贊處建上帝殿之上帝

洪山寶通寺

洪山者舊名東山寶通寺此与隨州之大洪山寶通寺有別以前唐[illegible]

鄂中之勝[illegible]至正年間黄溍武昌大洪山寺記稱揖首地之洪山諸代康

熙十五年曾加修[illegible]時[illegible]莊湖北移其寺洪震甲天下遂[洪山]寺建於武

昌东門外蛇山之[illegible]爲[illegible]梵王所立道場有世界碑[illegible]前代已爲

最[illegible]開山者[illegible]聖空禪寺[師][illegible]所述[illegible]以凡其[illegible]野乘多与

隨州[illegible]今武昌大叢林以此爲最[illegible]莊又[illegible]此東西山諸林凡

剃髮之[illegible]同寺[illegible]三年李向[illegible]題稿[illegible]

後有[illegible]李[illegible]

湖長春觀[illegible]此[illegible]

明代前廷教場即今閱馬廠明朱楚王分藩武昌建王宮城於
江夏舊署地在新教場前別稱舊署於漢陽門內的即今
武昌縣政府所在也閱馬廠之宮城有廣智門等名又有廣平
倉舊宮館遺址清末其城內值黃鵠山下猶見其城址之範圍
也清光緒初閱馬廠為演武閱馬校射之处上有演武廳主考等
倚於此校閱其馳馬當遠洞如軍營戰壕今夷為平地矣

抱冰堂

抱冰堂在今熊廷弼路與龍園間，故湖廣總督張文襄公別號抱冰，部下湖北人醵建此堂。堂內有王位曰原任文淵閣大學士湖廣總督張公之神位，旁有大碑刻前督部院懷德祀產碑及記（詳原抱冰堂記）。山頂別建有十桂亭，亭下十桂堂三字，文襄親筆書也。其下廣庭為游人評茗擺設處。然公小照每年春秋祭，向由華善公好仲蔡文惠黼卿主祭，今為為記之。

長春觀

白鱔廟

此廟原漢陽門外黃家坡下首李賀城西江　按王氏舟俊叢談云今武昌漢陽門江干白鱔廟即白善廟並引宋廣府志楚令尹族大夫白善始末以築城得人因即其地建廟至今武昌亦祀之若此其為白以楚之族來許訂民當且以惠因而廟祀甚民以武昌白鱔廟所祀為楚之大夫白善即宋廣府所祀者也但此廟所祀為吳肅白面篇龍像文雅兩旁擺柩以示三國事則所祀又非白善王祀吳肅也以為相上下戲當為過江材從周瑜因附會而塑其像祀之即付考

且新修而額仍刻有古頭陀寺四字刻並署楔文名其代於碑刻上署佛生第五千年未詳閱其文與討

明此寺之來歷可見寺門入門有四大金剛與接引佛今寺已移

在嶺下咸寧則只見石龕之大士像與側面洪聖

像而已即今社會處所建之工人福利會地址也

附入蜀記　乾道五年起

二十三日　八月二十三日　泊夜[illegible]與倪伶同遊頭陀寺之在城之東隅石城山山緣遠亦以此自西回

東西其上面城壁環繞府州治府曹司皆依此山寺燬於兵火[illegible]庵住持三

十餘年[illegible]營備自方丈西北躡支徑至絕頂謂有壽寧亭今已廢西瞰江山甚遠

廡有石碑李太白江夏贈韋南陵詩云頭陀雲外多僧氣正謂此寺也其書亦云

未陀全盛時宮殿榭空級

梳粧台

如欲由督署到省政府可由長街右首進百壽巷即省府地也
省府亦名樓西對高台即古梅亭處也洪武初年明旨封諸王有
朱楨者皇族也封於楚今梅亭是王城内寢宫至末藩国
止於楚王朱華奎此藩滅遂亡今省府即其故地夏斗寅為
主席时就台上地建楼基係舊址有橋曰仰樓謂藩府亦想見其規
制之宏也
按府地原就舊藩署之附近處探歷改設最祠之所原長秀處英甲民国三
年初即局崔振魁直至十五年止在崔任内门首尚留有吴文節
公祠原額吴文節名文鎔號甄甫當年以督師成同武昌随在郊的難者也
後財政廳主任即由舊其移府駒於此後即今省府之國楠承泰王部
張群接受任仍之
新設省署設省府各廳從任入黄紹雄及
何成濬百姓主席亦在壽縣抗戰厚其
修路劃衛街道仍設百壽巷後改設
另手記

閱馬廠

由觀音閣向城內行經宮門口，即明楚藩故宮地也。實存歷三百年，而此地猶存舊名，墻頭上有擂鼓牌宮門口三字，可見歷史之久矣。由宮門口直街，今平閱路，即平湖門至閱馬廠路，係明之諸藩故址。又閱側有武當宮，此亦明以前古刹。明末蒲圻（廣之）欽案有游記，載崇禎四年入郡州，假館武當宮之紫芝樓。樓之大聯云：「二座峯心隨明月靜，小樓人共白雲閑。」云云。又可見此刹之古。今已半割為校址，其後院近宮門口處，已為操廠，由都督樹徽廣坪即是。武當宮右首為存學，民國初年猶立有樓，題天地道寓古今石坊，旁為照墻，清制明堂大

東謂聖行處由此擁進道屏騎而入所謂官員人等至此下馬
石牌也其民國初年拆均三義改作成前折而堆置泮宮前泮
池循橋至拜台前有清祠御製碑大殿有四配十二哲牌位東
西兩廡雖設板倉而先行木主東西各數十位仍保存大殿後
有位育中和四大字匾多方皆自順治迄光緒道咸各
朝所頒也惟字作朝代金色遠運遍處因削所以成世運無衰
矣出府學榜街直對大成王氏有情叢談云府城已無宋世南市
之名惟大成是宋人所書大之遺按後賢將此卷往來如故處
未張及今壽事也

題柄

無業未大學附在督署於大樓曰某某亭南照牓曰來停蟂蛇棄

[illegible]陵紫陽道院集思廣益堂內葛相祠中思題門外柱題北極

山南包衙牌中丞在巨石之深林樹桃柳林之後四十步一都合內諸葛武侯外祠

兵戎庫之南又兩沙洲不遠林苑煙波兩岸悉丹楓雲霧間

勸民築湖山林三代陀）之論武當門招鄉耕時興門外有新修巷

寧州經署內舊殖種植樹果其中設員專管陰月不調

同治江夏志續照所紀在望山門內咸豐壬子兵毀於後有好女能丁巳年重修

詩衡古時遺制

火巷

在長街對面即府學

首城巨老宋南市之名惟火巷尚是宋

丹桂

長巷談云人所火之遠近今在往來如故

手稿抄　謹西氏

江夏志云：皇華館在武昌門外江邊，面左
至鮎魚套長街巨歷，長折而東南，文昌門出武江岸，折而西則平惠橋
往屋曰二江洲，又文昌門外有迎接亭在楼（?），我朝皇華館改建望
華館，則臣所當者，故東去時所往，沿來者，延對江外，因案
寓亦於迎接亭在山坪，今亭為左，史下則沙布四面，設在江濱
再下則為觀音閣，在馬閣之左，即楊泗廟碼頭（皇華館江邊向西有鐵牛，又取跡文字侯）
觀音閣（漢口王家巷渡舟泊武昌，迤西上行為觀音閣，為地得）
漢陽廟建有觀音閣，上背閣有碑，額曰吉祥陀寺，但在湖廣
之下，城頭遊迎向東望，大江城外有琴台，曰自音學東，為倚蓬（斯林之地，大江前橫，煙酒日出，見樓臺隱現）
篇之人，鄭周文，詩多石斛，其詩堂則頭陀寺有碑文，載昭明文選（備去於雲路，教游開望，暗自迎塢）
此仙枝曉記

墩子湖

同治郡志云：漢陽橋在鳳陽湖東

北湖上園，近來大朝街有豐碑，臨直街側題曰「明太傅大學士賀公逢

聖殉節處」，其旁地係其故祀，賀與何忠二節所立碑石[illegible]林[illegible]（今通稱鳳陽湖）

口存。何公騰蛟投墩子湖死，亦嘗湖北巡撫。漢陽橋在府內，[illegible]明史

並互載，則公之殉節與歷任大吏表彰，均有專屬矣。

之志人危良子、觀風光、洪猛三人皆死之，同死家人共二十，均見載記

[illegible]堤

順治初從臣袁和鎮林之於望山門內創建，於橋於荊州。康熙二十七年始復之（並重修之）

吳君和任總督，則奉衛國以歷任名臣數多，乾嘉時畢秋帆、阮芸台相繼

同時著名流者，淡張文襄也。由光緒三十二年九月內撤，是治府記

由大朝街長街均不甚遠，[illegible]有木坊曰江漢相望[illegible]

為憲署，內有園，由所事往園之門，前有小平嶺三大落石級

留名石。在黄鹤楼遗园一广坪上，置大石，状如覆镜，有字曰留名石，盖
题识盖忠襄前主李先闲村也。又有十桂堂，则张文襄所植
在张设芝泉陆年继长鄂部，任谈曰：述园中先词材位十桂
堂皆立墓，缘对联回：我自知之，是非知手殿花石草木为之境时
手也留此记取不材名，鄂人瞠目不语，数典而忘其祖以固祠
设都督府时为木所为将题移，题曰江汉帝武利楚快楼
瞿轩彦议所拟也。又有人语黄武二字，殆为汉山再造日月重光
则庑也，墓至吏表遗迹诗稿君史悲矣，有碑存田利记
杨三醒就义妻于徐家驿等处垂就之命者甚多也

勸業場

清季各省設提學、按法、交涉司，又設勸業道。湖北勸業道爲
川人鄧應和文班，又襄其事，因以勸業道下設勸業場，爲
百貨聚集之所，陳列處，所任場長爲老湖北，由日本留學師
任。民國十四年十月，警察廳開闢其地以抗戰前爲武昌市政府
昔於湖濱植木園其上，遂挖武昌歌湖流，勸業場因以
人於此遊憩，亦間外有民埠，至蹤橋行經聚伙和民眷照
前撫城歸於北地爲圖書館，隨館亦被湖置之爲庫，又與勸業
廠中陽教育陳列所有標本庫，覺應得而展置焉

王府村口

踏勘業據數十武即有王府口，據說前往北之洞路之於處左
為乙樓與甲樓同時建築，亦未見有記載及建棧或忘
前湖北山利田即花園諸設其中，局長為宜昌屈張律書館
處長乃設者則設長利錫保之右，諒係陽湖原有橋濱湖上建
設於該處茶肆之外，盡時有游船打槳往來，尤為城中之勝
處也。湖之西有碑亭，約而北東原設濱前幕僚侍郎章而文勳石
述之云：憑高與湖之陰，據大湖街有湖上園為兼師長淨鄉別業
夏末之際，招致名流結社其中，名作湖樓唐，以此此即歌笛湖也

寺同入遊均以墨湖得名考墨湖亦作霞湖今作菱湖西南諸山明何
湖雲路 漸鄉庾子印與暨子長書稱內以西冊湖即上此又墨志稱寫
湖寺在明月橋北云云据此墨湖與寺之得名當在晉書元名可存耳係 卷二

明月橋 清風橋

同治縣志明月橋在大智門白雲寺旁有李鄴周又清風橋在縣東北一名板橋

明月橋頭兩石欄昔有半人走此中橋對面爲戲樓々臣花堤中行商市客斤潛江甘鵬雲來遊時曾居此酒樓有成名付人々々橋頭數甘不懷也清風橋與明月橋同爲昔經名勝其地睒濱田明月橋已夷爲道故出長街可見清風橋頭王葆心記清風橋歷年久已改林詩注初也雇用屋其后龔蘅理蔣評樓度風櫟而明湖以北填其十之七八今則清風與明月兩地均有從遂之想像矣

武昌起義後饒漢祥任內務司長其私住宅即在治凤橋今由花堤左側小巷入橋有坊額其書治凤橋三字其碑猶有痕跡是也

文昌閣

在花堤大坡下地極幽僻禪房花木与橋院雅窗均不通點浣塵民初黄陂以副總統領鄂時其幕僚杜某諸人常聚陳述其名皆下榻其中黄陂所發書即交[illegible]是時梁鼎[illegible]致公來陳將在幕效倚馬書未列名也原名古佛寺閣為易同祥者易之亦信宿閣中其由窗前上直達坡下幕中無告者不共民住宿此亦極便捷也[illegible]之事也云

峯祠三字古張老勁杭戍前張子楊雨泰兩方伯書

匡政翁白人曼書檄其地筆試此三字篆額依舊安置頂

上乃今甘鵬雲商楚師侍侍讀中備到湖南北各名件

即按祠中祀位稍叙次今得其名及後增贊景仰云已前具

此祠年月附志諸章卯秋心

附楚寶祠內祀楚師件層楚寶楚有關名之正縣者

興葵卿祠

原名八旗奉直會館後改今名其右坊今在仍月橋西岸

右為議會時將設其中稽閣與廟諸祠遺址舊校舍

至清季張文襄督楚時將其地原有露台文昌樓
云表恩亭前清三村山即乃本烟波一釣徒舊居所也

菱湖寺

入此巷所謂之即菱湖寺中塑佛像爲鄉民向爲書院
試而操練旗兵宿營後改爲軍需傳權事而兩湖書院
移建衙署焉上所有者菱湖寺遺蹟 王葆心此日經文別證書
湖泊經營湖堤計長下二尺 今歸兩湖書院之左側也 張文襄建議改湖爲
講習所樹植其上湖旁爲八旗會館有菱湖

蘭陵街

長街中段有蘭陵街，以荀卿仕楚為蘭陵令，曾居此，故名。清季黃仲弢侍讀謂楚學籍門有三為祭酒，擬荀卿自號，嘗於民十五年前蘭陵圖書館設此，對門為講演堂，故圖書館額為陳姣院長延闓手書。館內有大部份書為黃故侍讀藏捐置。原有碑紀事，立館中講演廳側，后失，作他用矣。

兩湖書院

即舊經心書院，故址為大之地，在兩湖書院西首。

蘭陵街之西為舊有王府中村地，係書院後門之一部份也矣。

楼迤逦直达校场，则小树数道，梧桐与乌桕数百
书院时代以此为游览之所，时垂钓赋诗，作之湖中，旋设木桥，张
文之幕。时张孟谿览其上，中为正学堂，上集有文襄楹联记
是书在君，故于其左营修斋，为存（?）斯子桃等谨奉为
南北书库，拆毁前库，基尚在，后废改建阁，颐天一阁及七阁
藏书制度也。今因兴学，院归文学校，例应遵设其中，室
民初陈两左侍士曾设学校于两湖书院旧址，今尚有旧墙址
林之学祠
书院内讲堂前，有内院墙，壁阙之，有献篆书石额林之

析豈坊內居戶尚多即孫宅亦為張提督故居暴袁忠有三代一品封典直額，大抵因局主文值教學宿折除也。原在廣豐坊孫……

亦見王氏書法。江夏志云：廣福坊在漢陽門內，明李獻臧入城，坊內居民未遭……

紅翔巷　桃園巷　三義院

由廣福坊斜逕紅翔巷以至桃園三義各處。紅翔巷又名紅樓巷，故櫨同福溪中丞有旌桂分居此，係廣福坊，以至府司獄署北，即中丞之弟宅也。桃園三義各處四民雜處，兩巷之名皆因其額尚存，北條三義院也。

長街

已上所列皆由南樓左出向江濱所歷坊市至古樓右走即長街也王氏方輿紀勝云南湖外與江通長堤為限長街叢集中曲房屋民蟻附是有城長街之名始於宋代按宋人所著地記類書有祝穆之方輿勝覽及有王象之所撰輿地紀勝書名頗清王氏所引方輿紀勝大抵即輿地紀勝也祝王皆宋時人好稽心舊稱存城街名之最古者證以紀勝中所述居民蟻附云云尚可考見也

故設王之春關濤時勒石紀勝有鐵圍紀其右有鐵圍閣壁側鑿積甫廷詔所置也又有露香雨聲閣書公達詔等蹟若倖游山居園中學士為山環古樹愈顯崇禮忠武時手植成前後衛署地遂 原欲建鐵路局廢市恒久所於此 今尚空置 樹署內有高樓張知本任主席時就此設省府原為首長公署作 並建江樓 址今皆不可考矣

武昌府署

同治志云武昌府署在漢陽門內後 前明武昌衛設咸豐中燬於兵後諸從撫移於此志云

由司門口後江中營有府署清末為衛建有坊額曰領袖九郡一回表率十城府治九郡其以武漢黃安德荊襄鄖宜施各府江武

成嘉甫崇興通大道名也皆以武昌府為領袖表之乎也梁叔

芳字戒甫附驥尾帖於額之曰通道距二千石良規我非出者為潛夫

恩起十七年廢藩裁撤人民有老生二日日盛柳暑松思月別傳斤升

十載楚材出自數成器千六千人今改為於政府形勢張改而由是

大堂前通何藩府署規模也

廣福坊

道府署向江灘中有廣福坊之額尚宛然也王氏廣心斷限相沿度脫字

在此又訛名之廣福坊確為明初林木王府廣阜於遺址迴憶折改新

廣福坊有嘆雅酒館之地為近紳作案宛今又改設為田糧處矣自

南府後門者多經過更門而坊額鄧在對門巷首則以此地係由廣福坊

臬署

即今省議會之一部份，按湖北通志輿地志記，如署內古蹟甚夥，不止一陳友諒臺，另記。至清末，陳臬此為署者，梁鼎芬題聯有草長庭閒刑措稀，花香書卷氣。及林之園吉名樹上游諸最後為馬吉樟，即黃州之樓馬丕瑤子，鼎改為共法司，劉江西梅光羲接任，後改為高等審判廳長，另設一廳，即今之高等法院。[illegible]

建稱曰辛氏樓以數説以為費為辛氏最多數而登之説特尤稱為久矣

首義公園

鶴樓中間有奇蹟而前通公園之左舊臬署後即湖

二年之前義傷軍拓為公園因以命名清季黄鶴樓陣亡將卹北

於署後葺園種花木取名乃園時遊宴于其中深秋

傳之與於其中遊客罕所招集多於書院生徒則時文

…備其府後時曾經仲尊公門前道院居則為居評備

軍設鐵園演劉稽四合費中有荷池諸為陣有課薹

武祠魚旅而蔵更舊處館拓佀更臨舟而品茗納涼

南樓　中有稱曰唐平甘上得別樣風勝云云

入蜀記云南樓在儀曰之南石城上一曰黄鶴岩望大勝鄂州樓觀爲多而此獨得江山之勝要会

由胡林巷過公園由司門口旁陟南樓上有南樓遺蹟四字直

額板石背面楊司承泰修街時監工□國公園大纖

貫當額則楊之蒂陳方所書按此南樓即古詩所謂

郢州南樓天下無北与郢城則之南樓有別

國初曾設有楷社學會於樓上今因修街道故樓早廢僅留其

名耳宋人李熹嘉定年修北榭碑記有郢諸之勝以南樓北榭為

由元祐改建元符末黄庭堅有詩紀之不但放翁入蜀記也

司門口

由南樓左下則司門口清藩署所在故名署旁有鐵園地

頂並有塔翼然山巔白石累累歐另詳古蹟類瀕江處舊有碑碣桐墻今則為以
水門創未設修時塔下置大鐵砲二尊遙對大別龜山並二處設
陵意欲與雲路石亭內石碑尺黃鶴樓石柱來氣西來碑
諸尚仍其舊宇棟則昔屢年歷階段者有郭之鐘樓另詳古蹟類
樓右有旅寮原係倚欄懷古並設回瞰江寮之長頭有鴻
月台台空無有四桂猶存另詳古蹟類再上為吊碑亭另詳二亭
之陰墻向之中監胡林翼入祀碑又上向西有門額曰遺愛
官文恭公為胡文忠祠之內有龕中祀二公木主旁有櫻碑今設
建與胡廟併之祠名義另詳樓祠脅時為呂祖閣另詳閣外碑在

林立閣外廣坪為黃鶴仙像其後則抱膝亭亭之前為
祠下昔有宿徑為仙棗亭此鶴樓見存概見之[illegible]
之南名園黃鶴與[illegible]
其形制之設并精[illegible]
[illegible]
樓高九丈[illegible]清嘉慶重修[illegible]
祠礎[illegible]其時修[illegible]
咸豐十年官文以後相繼[illegible]
信手[illegible]
而家[illegible]
過來鶴過此[illegible]
化鶴[illegible]
所憑鐵笛[illegible]

觀海堂

楊氏守敬自日本歸，僦居省垣之菊灣，門外牆壁大書此三字，猶王夢樓之以曾經滄海刻印署額也。其孫樹梅、樹年於斗級營別業懸有此三字楣，字大徑四五尺，結體遒勁，布白停勻，用筆備顏柳歐蘇筆法，向架靡不俱備，蓋守敬最經心注意之作也。後斗級營宅與菊灣屋均燬，此楣因為鄰右所藏，將來修復，設法徵求，或當合浦珠還耳。

霱園

為江夏劉氏別業前述名畫家劉作善其中清光偕同曾往
游覽非常荒涼已甚而樓閣亭榭頗似雲林圖畫而花木
祠一聯猶在陸數又名嚴至以前王夢樓所書匾額園亦
無矣此即垣之罕見而僅留石以園址在花園山麓
王夢樓為霱園二字係勒于石後上山坡之前門
其別樓二字則為一人所書又通州劉光齋太史清和年
翻罪柱遊亦題一聯于壁事並為諧聯湖北武昌
城內劉園行如故蕩地云云則其園為前代名勝盡可知矣
又同治江夏志有劉錫瑕按霱園記并序另見本編藝文

蘭園

蘭園二字橫額往來黃土坡輒見之蓋福建林稚黃太史之貴義莊陳氏花園時所署也柴門竹籬可窺見園內花木園爲屬彭義務林太史返閩後爲黃季剛侃所得時侃任武昌國立大學教授校在東廠口今武昌高級中學原址也與黃土坡近故賃居焉戊後園與義莊同爐花園所在而氣象與前殊異矣

官胡祠聯

黄鶴樓官胡二公祠内楹榜素影蓑見廊前有楹聯勝云宋相遺閣桃相守每遇五七字節二句考諸記曲出諸前句而已横額聯語聲聞過於情前後數山杜韓甚賢金石記長僅記有昔公守黎平不守永昌二語又有楊剛直題賢從横楊林滿而來句蓋指胡公而言惟蘇碑桃李云下則以宋比胡以桃比楊胡墩其祠外門頂上署遺陽按文芬云陽胡文忠公祠等字

迷津岌乱之陷不可救矣

公桑園

光緒中瀏陽譚敬甫中丞撫鄂時購湖桑編植所局郡城後花園堤建立公桑園一區春其萌葉既長則易於所宜土分種公在林堤外傍以木柵內小有樓榭遊覽者若憩息其入口一聯武岡之歐陽辦事代擬也茲謹附見聯數

中社

鄂垣先賢宮街有中社，今設有小學校，即熊襄之熊襄愍公祠也。抗戰前里仲少致祭醵宴頗隆盛。邑有唐仲冕、汪仲曾捐貲倩胡雪齋編熊廷弼一書撰辯寃富惜然善。（即由此社撰儀著記）方志載熊襄愍公祠在保賢里，咸豐五年燬於兵，光緒二年知府方大湜捐廉重建，以公八世孫熊家奎奉祀留侯。邑人以黃龍寺故址改建其祠，據黃龍寺案遂先賢宮口今中社址。今惟方大湜碑記，迭經變亂，社中已無從改見矣。

多公祠

省垣有多公祠今尚有遺兩牌坊額向以爲祀多隆阿須考証方志始知所祀係多山也地在今省政府江西会館東光緒元年總督李瀚章奏建多山由武昌府知府升湖北按察使殉節於武昌三陷時故祀之

廣仁堂

鄂垣官立慈善機關最以廣仁堂爲最著其創建者前湖北巡撫譚繼洵也日有饘粥季换衣者窮殘廢孤獨其等曾見老人自堂中出問於家族問答甚得詢之曰堂無運錢者殊無可觀者時亦理之善與均安焉

○以下皆双行寫

攷方志載廣仁堂在黄土坡前清光緒十六年湖北巡撫譚繼洵創

收養孤貧殘廢以百二十人爲限額將樓陵改設二百四十名三十二年因新習爲撫民地北遷移道衙即前之善堂

此即今救濟院之前身但救濟院現爲全國同應慈善機關而有名無實北多殊不如其一廣仁堂一種理完全也云

武漢圖經卷　武

金石

金類

銅鼓　闊如十人坐圓桌面，高約二尺許，花紋精細，無字，面有畫，記似禽鳥之類。爲諸葛行軍用，凡雲南、西大官多有此鼓，然皆係小者。此周樁曲武鼓，此係最大者，武昌藩府遂移置附宅藏

銅鏡　武昌清真寺錢蓀青宅藏有漢鏡，樸沖漢嘉甚平，鏡面有十八字，古色斑斕。蓀青著考以刻夜照字，皆可考也。

銅鹿　武昌泥泥灣徐蓀金宅藏，高約二尺，長三尺，似鹿無角，似馬無鬣，銅極光澤可鑑。

壽平鏡

圖徑四寸重緣五寸出緣
三層共一同王二層花紋字第三層紋
銘書共六十七字語句不甚可辨惟首
貴人大富日長子孫延年益壽長樂未央
兮可以內讀又壽平三年正月丙午造
辨識而已

湯光明貴人大富長子孫延年益壽長樂未央兮
壽平三年正月丙午吕造是尚方明鏡廣漢西蜀
合涑白黃月祖無故中

江夏縣志洪山寺塔記洪山寺塔相傳唐尉遲敬德建寺建於宋
不應唐時先有是塔也

洪山塔

補建立年久張文襄所評謂此塔閩人沈海點此也饒黃石景星
訪洪山岩石評　劉傑其後浮層七級則屋脊式腰
處必有塔礎環於此塔不能移隨州之寶通塔前恒依
例每年三月廿六日拈遊東嶽廟宮即拈遊此塔下石欄罡真若且六降於
畢就此小憩近以年久失修塔上七層均絕難登由於渡江至
攜身而南即見此塔上焉

附鶴樓金石

壯觀二字碑寄書

字徑二尺，石洞三尺，有謂太白游此書者。此翁以李詩有登高壯觀天地間，大江茫茫去不還句也。此說殊為夢話。天然仙首有胡刻黃鶴樓內，故仍訂正之。宗明王氏侯談所有引說，謂今人相傳壯觀二字為太白書，莫之辨，蓋知二字本出自黃陸，漢老也，陸乃宋人。

雲路碑

在鶴樓上坡七口，有雲路二大字，刻鐫石上，旁有立亭。今人相傳以為黃鶴操書，猶陸游人以為明月為者也，又猶誤壯觀為太白書也。

石照亭碑

宋附黃鶴樓有石照亭，仙人呂先生留題詩其上，曰：黃鶴樓前吹笛時，白蘋紅蓼滿江湄。衷情欲訴誰能會，惟有清風明月知。按此呂先生非前有仙人，抑非洞賓，乃呂元圭，見墨莊漫錄。抗戰後呂祖閣拓呂純陽墨蹟詩幅，詩句與此字異，率亦託此而題，道其托洞賓名也，而不知出自元圭。今按

一筆書虎鶴字碑 此碑今仍樹關祠園外裴記此碑附註小字題識如是 同治年間增刻 此附按

王氏存心振荆州存志斷定係宋人門德國虎臣時所書 語其喜紙

行文鶴字所過名勝輒書之並謂門氏初不識虎字既思筆

法(雁鵝)畫虎筆形俯鶴形象其羲之 詩云石碑刻虎出渾橫

勢繹文即以此 同治間宮宇相傳物換之碑或由其現存者梗

附所書正書爲鶴字以有羲之物筆左肆縱同也

諸尊權書 檔眼集黃山谷幽蘭賦字旁有趾畫蘭石題詩

云牡丹花國亦稱王彼擅芳華誰自芳不買胭脂脂媚眼

獨得高格何沅湘畫固不俗詩寄托更深長屏四副旁
篆隸俱備所謂四體書也篆摹繹山碑隸仿夏承碑
書郭文公祈則王羲之帖鈎摹極工可見摹仿西岩六朝碑版
所雅字有摘文江夏時所刻諸詞荊門直刺有白雲山詩
大字屏以奉贈書上石見闡其勝處尤嫵媚秀逸
今一缺一卷四屏原石均在呂祖閣外碑林

湧月臺字

舊游雜記黃鶴樓南之台曰湧月有祖黃石大書三字書長
逾肩借以為奇勝表書者未嘗詳附會者
有林記亦稱能書者為古人題係曰湧月臺上三字筆亭刻道
亭台字後亭之亦於其下柱上有宮是當年寫月地印在
又非上下人則是江夏刻也後書字亦無存又石柱聯云
遙看兔氣流中流非同映而滿晚聽鶴聲來上界不啻是歌

風上款同治八年下字漫漶讀月臺兩旁四字聯云月色無垠江流有聲均未署款

按湖北金石志卷二載讀月台佚

右讀月台碑正書在武昌黃鶴樓側三字旁題探雩陳確菴遊楚中搨以見惠祠居巷漂之有生氣而趣其運腕時無限鋒鋩如桐付朱考亭字探書所謂石以人履言其碑法書錄

鶴樓銅頂

此銅頂按古鶴樓形式似蓋在最高一層外面反覆上者或用以鎮壓之云至於至地下竟此時置在呂祖祠前地面今移於陶公亭後草坪上（民以前已移）玩其題識有大清同治七年戊辰嘉平月　王天順鑄於造又有木匣業已字跡模糊幼時記載有重數若干斤四周含青渡遶而紙語觀之紫銅光可鑒人

卓刀泉碑文　東湖

同治江夏志重建卓刀泉關帝廟碑文康熙三十年經楚湖廣兵部右侍郎兼都察院右副都御史三韓丁思孔撰在江夏洪山

伯牙臺　月湖

寶通寺　江洪山

龍華寺石碑

志載有[illegible]龍華寺碑凡三十件依次記之一成化十三年怡菴識在江夏縣城東一里僧龍華寺殿廊記碑文宏治十五年立無撰人名以僧注德安孫伯樂鐵立石而已亦在江夏縣城東一里僧龍華寺記碑宏治十五年河南羅山縣知縣鄢諭周伯齊撰同在江夏縣東蓋一寺而有三碑相石刻文

宋代洪山摩崖

康熙癸酉邑人王以寧游洪山於院後積蘚發見趙諄摩崖字識於慶元元年見同治江夏志按慶元為南宋寧宗第一次紀元迄今六七百年此崖石未崩此字尚在亦清之較古者也

江漢書院碑文　石高五尺濶三尺　字徑二寸　行楷

欽差經筵講官東閣大學士兼吏部尚書加四級熊賜履

劉維楨詩石　五古五絶七律各一首書法秀勁似褚趙筆詩尤豪逸可誦茲錄其五古於左

月夜置酒黄鶴樓

置酒邀明月江上黄鶴樓仰視白雲飛悠悠一層浮俯視長江水茫茫萬古流白雲護明月散入芳草洲明月照江水宿漏如金甌宇宙無塵染清光射雙眸嫦娥勸我飲一飲復一甌飲罷携我手引入廣寒遊天風吹我衣湛露盈我頭霓裳唱一曲浮生忘人世憂安得换凡骨長年此留

右詩石高八寸闊二尺修今完好

官秀峰隸字石　富貴壽考四字約徑尺署丙寅首夏　書道陽官文下鈐章　文華殿大學士一等果威伯秀峰官文印　六字　考丙寅爲同治五年

陸光煜大字石　清平如意四字作兩筆草成清平象形似屏字　如意象形似玉鑲成之玉如意也上款署戊辰重修黃鶴樓作考戊辰爲同治七年　曰重修可知此樓歷史　光煜字耀廷　號經二尺石寬三尺　今完好

（二）

三仙棗　名亭之由

江夏縣志云：仙棗亭在黃鵠山頂，明景泰四年重建，相傳呂仙過此，故名。

明一統志：亭前有棗一株，世傳未結實，忽有實大如瓜，太守命小吏

採棗來，私啖之，遂仙去。

同治江夏志載：仙棗亭在黃鵠山頂，明景泰四年重建，相傳呂洞賓過此，故名呂仙亭，郭正域有記。明一統志：亭前有棗一株，世傳未嘗結實，忽有實大如瓜，太守命小吏採棗，吏私啖之，遂仙去。又傳太守與僚佐弈，忽聞人語云：太守弈敗，弈果敗。夜半聞笛聲起樓外，尋至亭，見石上有絕句云：黃鶴樓中吹笛時，白蘋紅蓼滿江湄。衷情欲訴誰能會，惟有清風明月知。末書呂字，去後云此即呂洞賓題黃鶴樓不見詩，見全唐詩。

仙棗亭額

亭外仙棗亭三大字額，今尚高懸，右端書年月，末署何紹基，此碑傳子貞所書，字遒勁蒼古，書法絕非他人所能等。王氏書後一語有汙陽劉孫所書碑刊草甚工，惜花木石不及何書額殆未始言也。

抱膝亭額

今亦三大字楣，亦高懸如故，下題瑞方二字，王氏書談作陶公亭記，係瑞方知縣人所爲，據此楣字係忠敏幕僚湘人王運長手筆，民國初湖北民政長某所書。

兩廣以歌頌肅清東濮，鑒猶政方二謨，六傳王運長存王在
兩江諸公慕孝代筆俱諸保守碑誌銘，王刺史以碑銘耳
識此之緣辭之。又此事原擬有梁秋蘋小照，有劉潞璵題字
又諸由鄂將移蘇，梁君四片題詠有而拔千成翁田梁啟
以記之，諸鄂人所備以觀。梁柳以梁與學有才，將有不必設此
附識之備其遺者之覽焉

黃克強保貲石碑　民國二十二年立

語曰：秦滅六國，楚雖三户，亡秦必楚。其後陳
涉發難，至楚之懷王卒以滅秦。當明之亡，衡陽王先生
與人爲雷，並稱三處士，而王先生之節獨苦，奮乎百
世之上，聞風興起，此瀏陽譚氏、唐氏其尤也。譚氏

殉戊戌之難，唐氏舉事不就，至長沙黃先生出於衡陽，爲宗唐氏之志而志，至於辛亥，首義武昌，武昌文華書院其艱難之地，比之三户亡秦，豈有異哉。先生所讀書兩湖書院，東渡日本，与中山孫先生創立同盟會，以革命大義揭橥天下，海内雲起飆發，而留學習軍旅者，先生爲倡，尤發揚蹈厲。厥後起風革命之基，於是斯立。黃花岡之役，事雖未成，而精誠勇烈之氣，足以震撼天地，迨武昌首起，群推先生爲元帥，卻異其決定。孫先生歸然反國，先生力排衆議，以誠擁戴以建共和。癸丑之役，袁勢方熾，知必不可勝，然得已而不已者，田恒弑其君，孔子朝服告哀公，而請討之，是豈冀其力所能勝哉。及洪憲僭號，天下之人始知其心，出兵討之，烏乎晚矣。綜先生平生，以不世出之才，衆容並包之量，忍辱負重，推

校

七载人不获追名，不居成功，其磊磊之痕之不激不挠之概，信乎
国人之先觉，吾党所依归也。今距先生之殁十有七年，流风
余烈，使人低徊款慕而不能自已。中正等感怀畴昔，兹者
先生讳葬祝融之地，建立造象，以贻来列，凡为吾所依
赞曰：皎皎黄公，志行谨严，力推专制，手创共和，续著旆
常，名垂宇宙，天出雄艰，大星忽堕，国丧之良，人怀遗爱，
模范犹生，铸颜不改，衡阳向之，麓影英姿，靄雾寒体，
月朗眉，黄鹤过靄，翠台依树，江汉炳灵，千秋万古

齊

頭陀寺碑　在鄂州　題曰齊国錄事參軍琅邪

王巾製　姓名　英賢錄

巾字簡栖琅邪臨沂人也有學業爲頭陀寺碑文

詞巧麗爲世所重起家郢州從事征南記室

天監四年卒　王巾作頭陀寺碑詳文選釋以爲

王少　困學紀聞

頭陀寺碑齊王簡栖所撰錄於文選唐啟令名

宝晉英光集

陸柬之書頭陀寺碑最同於時　宣和書譜

頭陀寺碑王簡栖撰黃門侍郎宋州刺史張非珪八分

書開元六年南唐重刻在鄂州　宝刻叢編

頭陀寺故址近人以爲即今漢陽門外濱江之欽天寺考唐符載鄂州何大夫創製夏亭序云郡中寺曰頭陀登昨鍾萃大雲之氣色下瞰碑石西連緣陵殿穿窕出乎蒼蘚之顛又送崔副使歸洪州幕府序云江夏郡東有黄鶴山山中頭陀大雲精舍郡師竹院惟一師茶圃又有東城石壁之前有桃李樹千株又李頻鄂州頭陀寺上方詩高寺上方無不見天涯行客路遥迢李涉登頭陀寺寄院中詩紅樓金刹倚晴岡雨雪初收望漢陽參以入蜀記所云在石城山可以想其遺跡矣　湖北金石存佚考

右録嘉慶通志

頭陀寺碑

金石萃編 係齊朝下

江夏縣志：頭陀寺碑在鄂州，題曰齊國錄事參軍琅琊王巾製。

在江夏觀音閣，石佚，文見昭明文選，又金石集內。

放翁入蜀記云：藏殿後有南齊王簡棲碑，唐開元六年建，蘇州刺史張庭珪過書，韓熙載撰碑陰，徐鍇題額，碑陰云：唐歲在乙巳，武昌軍節度、觀察留後、鄂州都押衙楊守忠，重立於鄂州。唐昇元初，主持秘書省正字韓熙載書碑陰，云於命猶子韓蔆改正其謬，更為刊寫，又以吳知蔆為熙載兄之子也。碑字前後遂，又作碑字，不全，蓋南唐尊傳道為義祖，而避其名，則此遞碑蓋南唐重刊之碑，碑陰又云：皇上光啟新教，被華夷，如來初旨，悉已編次，百代文字，因不備載，故是寺之碑不言而與。按此碑立於乙巳歲，當皇朝之開寶二年，南唐危蹙日甚，距其亡六年耳，而熙載大臣，不以覆亡為懼，方且言其主崇新文物，教被華夷，固已可怪，又以寢佛為事，遂文及其是碑，為誠誇誕，安得古者為後世笑哉。熙載死，李主猶恨不及相之，君臣之惑如此，雖欲久存，得乎？唐制，以節度使不在鎮，而以副大使或留後任事，則節度使此可知。鄂州本蓋武安節度，唐末升為武昌節度，晉又改武昌為武清，陸江北，歷五代鄂州未嘗屬中原，皆遙領耳。此碑開寶中建，而猶曰唐年，又至江南平始改崇陽云。簡棲為此碑時，職卑，初無名，迄人以其載於文選，故貴之耳。

按以上皆入蜀記原文，以有關頭陀寺金石考證，稿亦見於觀音閣歷史。

湖北金石志卷五

題重刻頭陀寺碑，佚。

頭陀寺碑，王簡棲撰，黃門侍郎宋州刺史張庭珪八分書，開元六年，宝刻類編。頭陀寺藏殿有南齊王簡棲碑，唐開元六年建，蘇州刺史張庭珪過書，入蜀記。若按寶晉英光集以為殿今名書，王和書以為唐東之，今未知是一是二，嘉慶通志誤以庭珪為兆珪，今從宝刻類編。謹

古迹金石

若據湖北金石記卷七嵩居寺下有重新永隆寺碑洪等字諸拓一律呆
入蜀記此事全文大書即謝迎戴撰□□碑如此

重修龍華寺碑

據江夏縣志重修龍華寺碑有二，均係弘治十五年建，
一亡其撰人名氏，一爲晉山知縣鄭鏞同作哉撰，均云
記在縣城東，今龍華寺尚無恙，二碑當在，文在此石碑
之前，此爲怡菴識，係成化十三年建，是一寺而有三明代碑矣。
江夏志云慶元元年趙淳識，嘉慶紀元癸酉邑人王□□

洪山摩崖

登洪山寶通精舍詩了

正覺寺碑

江夏志云明太祖諭僧無名並詩碑在江夏縣
正覺寺，洪武十五年。

保果道場舍利記

湖北金石記卷三隋代有舍利塔，江夏縣保果道場舍利塔下銘記，
下注云據藏本錄文。正文中有云大隋大業九年歲次□□江夏縣
保果鄉長利大懿等道俗勸爲共三郎社民等□□□興道場
云云。按語云保果道場舍利銘，隋人撰，係楊守敬藏拓本對
此碑記不在省垣而在鄉，故未談。碑中全文僅載題與序注耳。

陳友諒墓碑

端石農紅崖山館文云：陳友諒墓相傳在武城臬司署後山，即黃鵠山搭記此山。按：即今首義公園大禁陳友諒墓。民國初饒漢祥任內務長，署後即墓地，因撰碑文勒石其上。延為嶽巍時書丹者，為首議會副議長王信敷，字餞云，松所人。碑文近千字，典麗矞皇，哀頑就韻，銘詞尤精，漢祥所刪潤也。信敷書法亦工，時人謂雙絕。碑文另見本園經藝文門。

博士泉字

黄陂陳毅由庫倫大使節回部，歲暮感熊士鵬博士故宅。僑居之宅在城東斗姥祠對門，泉在宅後陳對宅。治每尋覓此泉，石壁上鐫此三字，極蒼勁古雅。士鵬字雨溪，以進士榜下即用，自請改教。王琳齋集有博士泉詩。張維屏聽松廬詩話稱為異人，大抵不就改選，或亦有激發矣。則進士出身，又附王詩於后：

先生不厭廣文貧，又堯以寒氈老。吳貝任學自推孝，博士詩名久聽。楚歸人一泉，鎸碣猶留。際至今石縫水滴不絕。三字鐵棱尚有，那笑我與公同附冷，數來石上摩挲泥塵。

附記：熊士鵬明末人，其文集名東坡語，所居在小東門之城邊。陳毅敬記。

奧略樓楹額　此字楹額高懸樓頂，今過江者在月夜遠見其金碧輝煌，以爲南皮張文襄公書，則誤。侍中恆宏奧略之題者植吾所數，所時曾立碑識之，於與公第九子仁俶日暮共詢此書，是否張代筆，則從之自書。按此書全用錦蕩與鄰鳴寺之匾蒼樓二大字楹同一係，摹西京之楹則用杜老香東匾蒼蔽，因此與此楹同一定論。

梁孝植碑字　此碑原用水泥修成，立于舊張公祠內。公原祠改建，碑原碑自隨之剝朽，頗爲書者爲原教居浙姚嘉穀書，明姚字亦書存姓公作與張晉曉呼此書者，恐今後不復見矣。

懷白樓 倚嘯樓楹聯　此二樓亦皆前郡伯諸方伯青名亦諸所取

內有刑云我輩被題照前人已乘黃鶴去大

江流日夜此心者與白鶴同下看諸方題今號

與此樓不見兩樓已又併為一曰品記付不如原名之名

本地風光也昔此二樓楹聯曾陳設諸方與羽依秘

此社倚庭稿及往來青睞今已為陳迹猶同燼矣

日朗望空楹　今為思良昭樓沿詹指线前原思樓上層

正中之旁有文雲公自撰聯已以四字詞建風夜

樓附保黃鶴東青詞公楊政名國典昭寓題此聯云有書此字

亦是前作所述也始並識之

勝像石塔梵書

黃鶴樓漢江之北上有高石塔色白工巖無比元威順王太子墓也高而秀阿育王塔式四周皆鐫大梵書南向建石坊題曰勝像寶塔大元至正中威順王太子建今僅諸石而四周字皆不可見[illegible]

江夏縣志相傳塔下有千歲燈咸豐九年塔下掘裂數寸許有烟勝出今塔基之縫有烟痕

按宣統湖北通志題勝像寶塔石坊題字中行注併字三行識正書至正三年湖北江夏叔行注寶塔續錄四行勝像寶塔四大字匾額字徑六寸首行題威順王太子建六字次行題大元至正之字在黃鶴樓前石牌坊上按元史列傳寬徹普化世祖之孫鎮南王脫歡子也泰定三年封威順王鎮武昌有子四報恩奴佛家奴和尚報恩奴三人俱死徐壽輝之難和尚封義王今匾題太子而不著名未知孰為威順王嫡子史傳及[illegible]原表俱無可考注湖北金石詩注按志據坊但題至正擇錄作三年未知何據[illegible]所羣所作碑[illegible]宣統志載微詳據以補之

金石

鄂州南樓摩崖佚　上題振朋基臺石記並文　吳代下迴詳　注云高丈一尺濶如其
高丙以五寸刻大字八十五凡為九行其文曰乾正元年前襄吳亂大吳將軍出鎮
武昌治太守楊某出鎮後云荊江屏藩非忠輔國侍衛將軍吳居中記案楊
行密之子溥嗣吳王位是歲唐明宗天成二年溥以十月僭帝改元乾貞宋
史記之年通鑑於南乾正云避仁宗嫌名通鑑亦同此直以為乾正耳殆誤矣
嘉貞謀也[illegible]富齋　昔觀此字是前模之　南樓既毀竟宦私刊不知
又江夏志古蹟　宝像塔在黃鶴樓前元威順王太子墓王名寬徹普化
墓用塔元制也塔高三丈石色潤白相傳下有千歲燈天啟元年塔下隳
劉邦寺誤有烟騰出

滋蕙堂石刻

見同治江夏縣志石在布政司庫中本山東曾氏故物前江夏知縣曾衍東氏抵補官虧因沒於公家石皆端溪美質精鐫晉唐人法書海內寶重

按曾衍東字七如山東嘉祥人工繪事宰江夏因事罷官極風雅頗達似鄭燮著有小豆棚筆記近世坊肆流行墨拓帖多題有滋蕙堂法書或篆文印識大抵即由此石刻鉤印宜志乘稱為海內重寶而又以其零落為可惜也

勅賜九峯正覺禪寺宗派源流之塔碑　天啓三年無撰人名氏在江夏縣　江夏志

重建卓刀泉關帝廟碑文　康熙三十年總督湖北兵部右侍郎兼都察院右副都御史三韓丁思孔撰　在江夏洪山

重建龍神廟碑記　乾隆五十二年湖廣總督舒常篆額巡撫

恒文撰文在武昌府

費公祠記碑 乾隆三十二年湖北按察使大興朱珪撰 在黄鶴樓仙棗亭

重建觀音閣記碑 康熙三年國子監祭酒漢陽熊伯龍撰

在江夏縣

明太祖諭僧無慍並詩碑 在江夏縣正覺寺 洪武三十年

武昌大洪山崇寧萬壽寺記碑 黄溍撰 至正二年

黃鶴樓記唐閻伯瑾撰魏萬程行書　金石錄

南齊天門樓碑在古頭陀寺唐開元六年建吳州刺史張

廷珪撰溫玉書　輿地碑目按王簡栖即王巾文出頭陀寺碑文內

塚墓

孟宗母墓 江夏志云在縣北鳳凰山麓即宗母也又云宗墓附焉

陶侃墓 江夏志云九域志在江夏今失其處周沈昌曰云在黄山下里花山下 按花山志云在縣東北七十里 又云与昭灵泉山接南有花山寺 又花山在灵泉山之東逾半里許山以紫荆得名

李善李邕墓 舊在九峰山以禁蓮寺舊山之麓龍山下見 同治江夏志原按謹善邕從廣陵來歸葬應志

校語

陳友諒墓，在城內巢司後黃鵠山截面艮脊之陽原葬後餘平書
入僞夫漢庭の字於張所募歷本年陳瑞發獻之柩
古墓至此風雨晝晦雷聲隆隆工役大驚 江夏志

姚廷璘墓
在城南依坊即土名昌坊山嶺前有月環墓道碑石屢失
太守章琦其墓請以勒石示禁

賀逢聖墓
在城南爽山陰五禾山之張家橋永寧鄉大堂與 墓址立十
山祥見家牒次立家有眉孫訓導賀任之墓

武漢圖經五

藝文類

頭陀寺碑文 文選注天竺言頭陀此言斗藪十藪煩惱故曰頭陀

王巾 簡栖

文選題注引姓氏英賢錄曰王巾琅玡臨沂人也有學
業爲頭陀寺碑文詞巧麗爲世所重起家郢州
從事征南記室天監四年卒碑在鄂州題曰齊国錄事
參軍琅耶王巾製

前段略

頭陀寺者沙門釋慧宗之所立也南則大川浩汗雲霞
之所沃蕩北則層峯削成日月之所迴薄西眺城邑百雉
紆餘東望平皋千里超忽信楚都之勝地也宋法師行潔
珪璧擁錫來遊以爲宅生者緣業空則緣廢存軀者惑
理勝則惑亡遂欲捨百齡於中身殉肌膚於猛鷙班荊
蔭松者久之宋大明五年始立方丈茅茨以庇經象後軍長史

後軍長史江夏內史會稽孔府君諱覬注沈約宋書曰孔覬字思遠會稽人也初舉揚州秀才補主簿後除冠軍長史江夏內史隨府轉後軍長史　覬音冀爲之薙草開林置經行之室安西將軍郢州刺史江安伯濟陽蔡使君諱興宗注沈約宋書曰蔡興宗濟陽人也爲使持節都督郢州諸軍事安西將軍郢州刺史復爲崇基表刹立禪誦之堂焉以法師景行大迦葉故以頭陀爲稱首後有僧勤法師貞節苦心求仁養志纂修堂宇未就而没高軌難追藏舟易遠注莊子曰藏舟於壑藏山於澤謂之固矣然而夜半有力者負之而趍昧者不知僧徒闃其無人榱構毀而莫構所爲長太息矣惟齊繼五帝洪名紐三王絶業注蕭子顯齊書曰高帝太祖諱道成字紹伯蕭何二十世孫受宋禪祖武宗文之德昭升嚴配格天光表之功弘啟夏復盟以惟新舊物康濟多難實中雅頌騁名謳謠注蕭子顯齊書曰明皇帝即位改爲建武炎區九譯沙場一候粵在於建武焉

武漢名勝志

省垣各城門

清制京師九門各省城多設六門故北都有九門提統衙

民国沿改湖北省城清制城門有九曰漢陽門曰平湖門

曰文昌門曰望山門曰武勝門曰大東門

光緒中修之 湖北中和 宮漢陽門之 之門諸一門 口高口流

起義門則地道樓之北畔為辛亥革命所發軔耳（即中和門改） 漢與漢陽東段因紀念 或稱

漢陽門城樓

漢陽門城樓民國十五年前尚存，查自撤城垣，折卸樓臣中路祀關壯繆殿，門外左右廊簷下以木柵掩護，內塑一人倚馬旁而立，廟貌均雄偉。樓折後即將關像移祀高祖廟內，今樓鶴撫笛仙人，即右所祀者是也。附攷

漢陽門城上元代有煙波樓，明張翊改建望江樓，至成化時廢。成化八年李春……入清後改設奎章樓，即右所祀者也。

黃鶴樓

由漢陽門內右首雉堞下修砌石坡，游樓北廊回頭東首即城樓也。大白

向夏若按照而上，將達樓址，旁有石亭，中嵌雲路二大字。另詳金石類

江夏縣志：黃鶴樓在黃鶴山南，元和志：江夏城西南角因磯為樓

乃詔西中郎將郢州刺史江夏王觀政藩維樹風江漢齊書曰江夏王寶玄字智深明帝第二子也封江夏郡王仍為持節都督郢司二州諸軍事西中郎將郢州刺史擇方城之令典酌龜蒙之故實政肅刑清於是乎在寧遠將軍長史江夏內史行事彭城劉府君諱諠齊書劉諠字士穆為江夏王郢州行事此假王年幼代之行州事府將行事也智刃所游日新月故道勝之韻虛往實歸此寺業廢於巳安功墜於幾立慨深覆簣悲同棄井因百姓之有餘間天下之無事庀徒揆日各有司存於是民以悅工以心競亙丘被陵因高就遠層軒延袤上出雲霓飛閣逶迤下臨無地夕露為珠網朝霞為丹雘九衢之草千計四照之花萬品崖谷共清風泉相渙金姿寶相永藉閑安息心了義終焉遊集法師釋曇珍業行淳修理懷淵遠今屈知寺任永奉神居夫民勞事功既鏤文於

鍾鼎言時稱伐亦樹碑於宗廟况珠積而功當貞遠而名紹

故寄言於形篆庶幾藉乎不朽其詞曰　以某

遊頭陀寺記 節録入蜀記

陸游

二十六日與統分同遊頭陀寺寺在州城之東隅石城山山縹繞如伏蛇（根蛇山之名由此）自西至東因其上爲城缺壞僅存州治及漕司皆依此山寺燬於兵火僧舜廣住持三十年興葺略備自方丈西北躡支徑至絕頂舊有奇章亭今已廢四顧江山井邑歷有遺址李太白江夏贈韋南陵詩云頭陀雲外多僧氣正謂此寺也黃魯直亦云頭陀全盛時宫殿梯空級藏殿後有南齊王簡栖碑唐唐開元六年建蘇州刺史張庭珪溫玉書韓熙載撰碑陰徐鍇題額最後云唐歲在乙巳武昌軍節度觀察留後知軍州事楊守忠重立前鄂州唐年縣主簿秘書省正字韓夔書碑陰云乃命猶子夔正其舊本而刊寫之以是知夔爲熙載之子也碑字

前後一手又作温字不全蓋南唐爲尊徐温爲義祖而避其名則此碑並[illegible]慶重書也碑陰又云皇上以[illegible]新文物教被華夷如来妙旨悉已備形百代文章固不備存故是寺之碑不言而興按此碑立於己巳歲當皇朝之開寶二年南唐危蹙日甚距其亡六年耳熙載大臣不以衰亡爲恨方且言其主[illegible]新文物教被華夷固已可怪又以邪佛旨意述文及與是碑爲誣誕妄謬真可爲後世發笑然距哉後李後主猶恨不及相之君臣之哉如此雖欲久存得乎唐制節度使不在鎮而以副大使或留後居任則云知節度軍事此云知軍州事蓋漸變也唐年縣本故唐時名梁改曰陀夏後唐復爲又改陀江然歷五代鄂州未嘗隸中原皆遥致耳故此碑所定中[illegible]而猶曰唐年也至江南平始改崇陽云[illegible]不此碑[illegible]頗[illegible]自漢魏之間既[illegible]爲

此作極於齊梁而唐之貴之天下一律至韓吏部柳刺史柳州大變
文格學者翕然慕從於駢儷之作從亦不衰故熙載錯致江左辭宗
不奉之於簡牘之碑版（下略）

登南樓遊記 陸游 纂入蜀記

二十七日郡集於南樓在儀門之南石城上一曰黃鶴山制度閎偉登望尤勝鄂州樓觀為多而此獨得江山之要會山谷所謂江東湖北行畫圖鄂州南樓天下無正謂此也下闞南湖荷葉彌望中為橋曰廣平其上皆列肆兩旁有水閣極佳但以賣酒不可往山谷云憑欄十里芰荷香謂南湖也是日早微雨晚晴

遊黃鶴樓記 陸游 纂入蜀記

二十八日同章冠之秀才登石鏡亭訪黃鶴樓故址石鏡亭者石城山一隅正枕大江其西與漢陽相对止隔一水人物草木可數（中略）黃鶴樓舊傳

費禕飛升於此後忽乘黃鶴來歸故以名樓號為天下絕景崔灝詩最傳而太白前句得於此者尤多今樓已廢故址亦不復存問老吏云在石鏡亭南樓之間正對鸚鵡洲猶可想見其地樓旁李監篆石刻獨存太白登此樓送孟浩然詩孤帆遠映碧山盡惟見長江天際流蓋帆檣映遠山尤可觀非江行久不能知也後多刻之出漢陽門遊仙洞正是石壁數尺人當直到夜無洞門之狀舊傳有仙人隱其中嘗召洞出與遊者共遊之得黃金數餅論化為石東坡先生有詩紀其事初不云所遊何人且太白固已云頗聞列仙人於此學飛術一朝向蓬海千載空石室今鄂人謂之呂公洞蓋流俗附會如有道人演湖人結廬洞側設呂公像其中洞少南即石鏡山樓巖巖頹石黑色裏赤破敗可不磨鑑鏡語浪得名者由江濱堤上還船民居市肆數里不絕其間復有巷陌往來憧憧如織蓋四方商賈所集而蜀人為多

黃鶴樓銘 并序

汪中

江出峽至於巴邱沅湘二水入焉又東至於夏口漢水入焉於是西自岷山西南自牂牁南自桂嶺西北自嶓冢五水環其三面再折而後東故地形稱險焉郡因山爲城山之西有磯起於江中石立於植激水逆行恒數里於形爲尤險其上爲樓咸取於山以爲名始自孫吳酈氏著之齊梁之書並載其蹟於後樓之興廢史莫能紀乾隆元年大學士史文靖總督湖廣乃更其制自山以上直立十有八丈其前四方四出如一高壯閎麗稱其山川歷年六十堅密如新其下則水師營衛在焉歲以十月都試吳戈犀甲蔽川燿日江以西商旅百貨之所湊道路

晝夜行不休。著籍户八百，萬公私舟楫列檣成林。南北二郊原
隰沃衍，禾黍彌望，無空山深林之蔽。桴鼓一鳴，上下百里若示
諸掌，士女無所匿其跡。惟江夏自宋立郢州以來，代為重鎮，
國家疆理天下，慎固封守，常以尚書侍郎鎮撫其地，及司道之所
治百城，包蓋四至，輳是風驛，路劇騰踔，軒之使不日則月。西南際
海，屬國以百數，終王受吏，累譯來庭，往白上都，皆道於此。守土之
吏，率會於茲樓以飲食之禮，視其僚屬友，不降階序，而民風禮事
胥可知也。洎夫王臣咨度，每懷靡及，香人作者，懷柔遠人，治官蒞民，
禮賓詰戎，邦之大事於是乎咸在。外以設險，内以經國，地勢若此。其有
遊臣羈客，登高作賦，感物造端，可興可怨，舟師羽人，雲水栖遲，倚徉守
其地，陶冶以發揚文采，增成故實。況始釋褐，文靖以元老在朝，後二序同
岁為衣冠盛事，崇恩敬歷茲，繼其烈，既欲踐於騰，地且感遠

構乃為銘曰
海有神山河維底柱巨靈闢列仙恁安巢哉斯卯曾城之
顛上標崇觀下俯大川柱天不傾障江廻山增比岳水激成雷
擲金是程鑾荊吳控楚睇鳥鄂勢吞雲夢四野底平八窗
洞開登若凭虛望惟極目朱衣行水毛人墜城夢有危非
神威不倦大別西踞樊口東望神兮閟護黃武伯圖以游
無傳人往不作我紀茲游思同民樂

重脩賀文忠公祠記

見海鏡集

漢陽　汪炎贇　蘭庵

前明莊烈帝十六年夏五月，張獻忠陷武昌，有故太子太保文淵閣大學士賀公逢聖方予告家居，以身殉，並以一家殉。其時兵力雖屈，士氣獨伸，死之重於泰山者以此。今因重脩公祠，而樂爲之慨然也。夫武昌在東南一大都會也，不幸爲獻忠所陷。凡任治兵守土責者，莫不有謀人軍師敗則死之、謀人都邑危則亡之之義。按其明目張膽，城存與存，城危與亡，則殂豆千秋之報不惟文忠也。乃城陷之日，史臣大書特書曰：前文淵閣大學士賀逢聖死之。此外若無人而紀，抑獨何哉？夫公居武昌，非有治兵守土責，於尚平不啻乃之日託黃冠稱緇流以爲全身保妻子計亦不過與脈絡相見耳時而先致身清流不污素手是不幸懷公一人殉節使一時士大夫已羞之矣而得公一人殉節爲一時士大夫吐氣也然則公之死其有光於明社多矣夫致公來殉節以前破明都陷親藩史不絕而其盡力保危城不屑則以死屬之此南陽總兵德如虎外不得一人至於身在懸車限難不避高陽孫相國承宗亦有焉然則二公之死其有光於明社多矣夫兩間正氣鍾之於人則爲義士爲忠臣人之能言之及天崩地坼其平日談節義論廉恥者不知何往獨以身家殉國之榮名歸之致政一老則國家夫誰恃哉俎豆千秋固其宜矣公祠曾久就圮邑人士議重修得請於當路其規模制度有大焉之光宗獨盛武昌論陷僅以全節不亡又則其英光浩氣但耀古今不以一祠爲榮

賀文思初記

而祠而祀之者，正以表其事之烈。彼夫仁人志士有以昭其心，忍恥偷生無所容於世，與史臣書云云之曰漁父一揆，召於予記以灌之食之食者。

武昌抱冰堂碑文

史稱黃帝服教百年畏神百年越王十年生聚十年教訓聖賢謀國其服勞心力恆收效於數十年數百年以後有非當時所能逆睹者也 南皮張文襄公蒞鄂十九年於前清光緒三十三年以湖廣總督升任大學士去鄂鄂人感公功德建築紀念我軍界則於高觀山陽建抱冰堂為公生祠抱冰者 公蒞鄂時所自號也宣統元年公薨於大學士任鄂人以公治鄂久遺愛深興學練兵人材輩出辛亥之役武昌首義全國響應時局已變為公所不及料然非公之生聚教訓數十年豈易臻此先是湖北常備軍有一二

兩鎮其後編練新軍改爲一鎮一混成旅協皆 公舊部抱冰堂落成之日相與輸貲議置祠產今蝦湖垸田產即光緒三十年軍中籌築武泰閘出力賞錢二千緡全軍報効所置計面積五萬一千五百二十丈五尺又有顧家垸田產計面積一萬二千九百四十方八五即元洪統湖北常備軍第三鎮時所購置元洪受 公特達之知飲水思源愧無以報 公於萬一唯兹區區庶足以安神靈而告萬世爰就抱冰堂改爲祠堂以舊置蝦湖垸顧家垸兩處田產爲祠產以其每年租所得儲存銀行保息爲祠宇歲修祭祀經費恐日久湮沒爰令所司呈請湖北行政公署轉咨內務部立案並錄祠產圖記於碑陰以垂久遠云

開蛇山洞碑文 原石存 間有缺字

光緒三十年二月湖北巡撫端方到官之二年因瞻大豐路通民悅會城有蛇山横踞城中南則闤闠殷溢百貨所積北則民居萬家鱗次櫛比舊有山道礙石迴絕塗路險仄淺之協輦馬弗前於是發護軍營兵三千人鑿石通路自南至北夯中相疏減高居卑去危就安共作[illegible]二 十四日押致土石堅固使經砦石畫成坦塗 治路一百七十丈四月工竣左降石岩廣衢通達四方悅雍土人懽慚董其役者總兵張彪代理武昌府知府黃以霖記焉

右碑石高三尺闊半之字體仿龍門十二品文絜事敷

明鄉賢賀文忠公殉節處　代　　傅向榮

茲湯湖畔舊有鄉賢賀文忠公殉節碑歲久湮滅咸清懼後此之無
所觀感也謹代石而銘之夫天下有公非一姓之所得而私至捐軀
命以殉一姓則取義尤隘寧足矜式於今日顧公節義不彰
廉恥道喪國家幾即於滅亡匹夫亦當負其責況處危亡之禍
職蔑惡穢云不忍覩敗垢詬辛亥正命何益將張四維與當
世而非徒効忠於一姓不然身無位守明社未屋何必慷慨以出此
斯時泰山鴻毛亟宜明辨以詔方來者也公之事蹟具詳明史
茲不復贅云
中華民國二十一年三月隨物何成濤謹並書

大漢皇帝陳友諒墓碑銘

楚地江漢會同雄風甲天下俗悍而民强古稱難治以故禮樂文教稍後於
中州而發大難仗大義興兵誅暴冒險投艱置成敗利鈍於弗顧者歷數
鼎革之際代有其人嗚呼何其盛也有元之季吾楚舉義凡三國曰天完曰漢曰
夏而漢帝陳氏實能以民族主義貫革命之精神其雄才偉略視明祖朱氏殆
或過之屬天意有歸中道殂落後世史官狃於成敗之陳迹淆亂黑白流傳失真
非具高世之識而窮古今之變者蓋莫能觀其通而定其一是也夫帝以文武之資
具遺言軼事為野史所稱述者姑不具論唯是時豪傑並起跨州連郡而淮北朱氏以
蓋代之梟雄睥睨一世視同時等輩木雞肘下物迺西顧陳氏獨若芒刺在背僅焉
不可終日其故何哉蓋兩雄相遇忌之愈盛故鋤愈力也由是觀之帝之才不在焉左

之下明矣抑尤足稱者爾時元綱解紐大命將傾外患方殷內訌猶亟彼於海內群雄既無征馬之力不得不行招撫之術方國回珍張士誠輩倏降倏叛其識趣卑陋固不足言即堂堂昊邦猶來平章之詔而獨於江右一國未敢以俘使相通吾意帝雄才毅力必有以奪虜廷之膽其受萱而羈縻之心者雖漢室彫瘁盛業不終究其大義昭然足以共白於天下非彼竊位權而安小就者所可同日語也或謂陳氏為天完舊部而殺戮故主背理傷義以此為帝罪不知當龍蛇爭逐之日原無所謂上下天澤之分且驅除胡虜唯力是視大義所在寧拘小節其於徐氏所謂可輔則輔之不可輔則自取之而已夫擊移義帝之謀為項為劉千載下尚難確定況采石推刃瓜步沉舟同屬傳聞文又烏得據為定讞哉　漢祥　十年前游沔陽報恩寺帝故宮也曾作歌以紀其事獨於帝陵墓未獲謁焉攷帝自鄱陽殂逝反葬武昌墓在鵠山之麓直今內務司署後故老相傳久嚴樵採之禁特明清兩代帝政相亟無敢倡義脩葺者辛亥八月武昌起義共和聿成民國元年六月前內務司長黃岡夏君始以脩

墓之議請於副總統黄陂黎公既獲命而夏君權長民政未克經始漢祥繼莅司事悼斷碑之久圮而喜私願之克償也乃命工度地伐石庀材以副黎公表章先傑之意而慰邦人士景仰遺烈之思亦以見帝之功業摧折於當時而彰闡發皇於數百年後其英靈歆慰於地下為何如邪工既竣乃為文紀之並綴詞以銘諸墓道銘曰

帝之才可以承天寵帝之志可以合人統帝孕其胎而明護其種維古有項王與帝伯仲吁嗟乎生王之頭死士之壟

湖北内務司長饒漢祥撰　湖北省議會副議長王信敷書

中華民國二年六月

露園銘

劉錫嘏

鄂州山宗府山之麓劉居士別業在焉地踞闤闠門臨空翠鳳凰翼其西而右抱黃鶴頭其東而左翔高觀大別指顧相向憑空四望疏暢洞達近則大江之橫流如帶芳洲之春草如袍遠則武昌夏口七澤三湘參日群雄角逐之場騷客行吟之地雖黃蒔散廠風雲變幻而若隱若現莫不騰奇絕之氣於恍惚於耳目之前蓋洵乎覽勝之具區而邪徑一邱一壑止供吟風嘯月之流偃卧迴翔也園之廣不逾十畝相傳為前明王府故基志乘無徵莫可考也居士既得斯地闢而新之

學士曰天白華師名之曰露園中向為堂為軒為亭為榭敞以麗服之雜綜以虎皮之垣一花一木五步十步各隨其宜且有幽致至若丹柳石泓綺疏四蔽清音泠泠如雜珮異境落落如星列游斯園者俛仰左右持惟是游目騁懷而已乎抑將不勝懷古之情也居士家不素封生平衣食之餘凡幾累所積悉以為斯園臣石資而性復喜結客樂與東粵江漢之士女好遊習俗然也嘗三春花時九秋月夜載酒攜榼於日飲其間即余驄馬每來休沐之暇亦流覽於斯者屢矣癸丑之春秋從草堂蕆成居士請紀其梗概因為勒銘山阿其辭云

大隱朝市肥遁邱園煙霞結契泉石幽歡翔禽擇樹

留園登、

游鱗澗淵匪繳其欲而求孔安江漢浮浮實紀南國通

邑名區包山枕阜有春在阿幽人所宅侄侄第第匪朝

伊夕一篑之山併乎華嵩一角之水藏乎蛟龍美哉崙奐佳

哉樹花蔥春日榭下秋風桂叢未雨牽蘿忘機抱甕語

燕家巢閑游入夢萌塞其兑豪隆厥棟借日自怡罔

洪與卑闔門積設所拒伊誰爾極而此所思其來最彼靖

茲[illegible]之是階作之箴銘敢告朋儕

武昌寸園記

武昌 張凱嵩 月卿

余以同治戊辰奧疾旋里故廬毀亂僅存於購城東姚氏宅居之宅面隅有隙地縱橫如數丈凸出近市行人往來如織寢處殊便厄隘而宜余以棄之可惜也將為治園計匠人語余曰是下無水源上無坡陀又偏廣不足式奈何余曰平泉十里花木蓄也歸仁一坊賓客盛也余將種草以之翳歸仿逕叟之樂狹焉庸何傷越歲兵間於命人剪除荊棘繚以短垣壘石於中為假山平地嵯峨如堆蒼玉環植雜樹十餘株四時之花卉備焉入門迤北搆屋數椽地勢而高晨起獨坐其間督家僮澆花

種切是爲事無事齋其西則晚香亭夕陽既墜明月飛來花影繽紛在人襟袖稍折而南面山開軒室中影如亞字爲朋輩談讌之所左出竪门柳風桐露參差交互竹籬間循廊緩步拾級憑欄則東鄰紫荆一樹落花殆滿簷際矣園成兒輩請名語之曰余以先人餘蔭被三朝厚恩致身通顯頗實無寸長以畢其操寸柄挖寸印當時多故三寸之舌數數寸之管秃日勞勞於方寸中以至於病夫雲出膚寸而降及四方珠生徑寸而光照後乘以余寸心自問殆無能爲役矣今退老是園寸木拳石可以怡情也寸晷分陰可以習静也余固不敢詘寸而信尺累寸而成丈也夫亦得寸進尺而已其用劍南詩意而以寸名吾園汎兒輩喏喏乃爲之記

精衛庵記

錢桂笙

精衛庵北郡所以祀生爲前廉訪番禺梁公鼎芬之所以築也咸同以來海波不靖先生以環球大通世變日劇非育才無所以爲強國之基非興學無所以爲育才之具故前主兩湖書院即汲汲以昌明正學整頓後進爲務壬寅守武昌奉詔郡縣皆立學堂先生首捐薪金衆口金華林豐備倉右建祠所以祀生者也校舍是年及卅署隨法道又捐萬五千金

於其左建師範舍規制宏闊居室精麗皆先生意匠所
結撰甲辰復守郡因開府學選士百四十人肄業其間命其
等熙學而以現官學部參事陳為之督自始事至丁未仲秋
為兩次畢業之期其生徒春膳教員脩脯與器用書籍及
一切公費之資前後四載都用四萬餘金給於公帑者半給於
先生續捐者又半自來守吏出私囊以嘉惠其民未有若
是之鉅者也嗚乎賢哉先生性愛士公餘蒞堂進諸生為說
忠孝大義及讀書應事之方孳孳不倦有疾病者親撫視之
資其家金為助遇婚喪尤加禮蓋出中之誠然故士皆被德孝教亦
若嚴師慈母每一親炙則愛敬之心油然而不能自已殆所謂

天動於歆丙午冬先生將之官襄陽堂內師生不自知其惆悵也欲有以表思而情無所寄於是醵金擇地於本堂後山之麓伐木築室鏤先生石像於其中顏曰精衛庵用先生自號也夫鑄金肖像勒石銘功東方舊制先生居楚十餘年祿俸皆為學靡一生精力亦為學靡郡中校舍大小百餘皆前閣督張公提挈於上而先生困心橫慮以成之者也斯堂其一班耳今先生已去官矣循邊黃公伯雨攝守即斯堂改武郡中學手植花木於庵檻之下斯亦召棠之所留也某等 受先生知遇等于其列每風晨月夕仰瞻先生遺範流連光景撫感愴而能置若於斯堂始末明其沉沒非所以揚芳徽風來哲也爰補 叙崖略志諸石以昭示於後烏虖先生

之興學以育才而强国耳吾党諸子欽先生之德莫不自菲薄勉為國楨以副先生之望先生填海之恨庶幾稍释而朝廷教養及諸憲肫肫之培植之深盛心亦稍慰也夫

卓刀泉銘

彖麟文存

羅田　周從煊念衣

卓刀泉有二一在常德崔嵩井旁一在武昌先主壇下皆傳為關壯繆卓刀處洞庭烟波未及理楫城東密邇跋履數過細草薇址萬松為陸敗關柳楠文臧可坐井韓甃石實始勝國其蓋遮亭祀殫於近世夫以髯之遺偏趁群篤中性殊烈雖年代甌邈激慕同口若夫掘石磨刀跑泉走馬之類方志修恠漫儒声至陳書不載事或爲有然山泉氿涌宛西傳武師之城澗水蒔澙疏勒有取萃之井情符最

歷盡爲涇予以友初邀酌甘冽灩灩掬月瑩瑩弄風沼影被
形冥心聽響鉼罍不恥涓滴爲珠振藻吐奇方雲氣之左腹
噴股沸聲同金戈之際雲豈無潛纓之歌空對醒心之驛館
泌沸撕泉噴而於江神瀆滋穴眠源急灘欲知瀾洶視時盈縮
祈河解醒消塊伏灼安知天上不有甘淵安知池中不有甘醴
飛靈王麻合精兩物壁益陽溪瀨滁州石臺雲旋晝翻風
雷夜來云亡不亡同茲瀾洄

首義公園孫總理逝世紀念碑文 代 傅向榮

中華民國十四年三月十二日我先總理薨於燕越至鄂無男女少長皆聚哭且謀伐石以永其思禮也余念此逆抗命蹤蹤踵變迄今日工始竟時會之不常如此然則開國大業之崇有難為不流轉於時會夫豈偉而致耶後之覽此可以興矣

登黄鶴樓　光緒壬子柏舟集　汪昶蜀和

誰探括地倚天筆，敢与崔郎角大才。江漢水播赤壁去，衡湘煙鎖洞庭來。玉笛重邀黄鶴返，劍歌長嘯白雲開。秋光簇望都看遍，此是登臨第一回。

乾坤有数鶴樓壞，漢樹芳洲畫渺然。萬費何年降靈地，雲山萬古話神仙。又同粵匪屯三載，屢聽王師下九天。初闢閣前大江水，溢流絶塞浣烽煙。

黄鶴樓秋眺　汪昶

樓存仙鶴渺，放眼溢八極。不見題詩人，六幕横秋色。

鶴樓懷古　汪昶

樓豈隨人去、雲應送客還、乾坤新劫火、仙鶴古江山、兩晉風光外、三秋月可攀、煙波憑眺處、空入畫圖間、

不盡滄桑感、非關故址留、神仙遺世網、江漢入天流、盡換銀河水、澄清赤縣愁、雲迷招鶴侶、可記鳳緣不、

夜上黃鶴樓眺望　李嶽峻

夜上黃鶴樓、西風滿目秋、江湖隨地遠、河漢近人流、幕府更吉封、闉城鼓角愁、歸來清不寐、明月上簾鉤

鶴樓遠眺　陳孝芬　鐵侯

頻年作客楚江頭、王粲無聊獨倚樓、入目煙雲成幻境、怔心文字付東流、征鴻遠過瀟湘浦、芳草平鋪鸚鵡洲、安得仙人吹玉笛、梅花一落散千愁、

黄鶴樓兵燹紀事

江夏舉人王琳景白撰 浙江知州

光緒丙申八月初四漢陽門外董家坡民房
起火延燒黄鶴樓余時正住高觀山登高一
望恰形了然因為詩紀之

燈初掛望月沉山山高徹聞人聲喧鬧門口望白如晝西北一角
火燭天登高遥瞭越城外想是臨江深不戒料應撲滅
須臾間不止此鑼罷彼罷豈料西風勢太猛又助以洲前
蘆荻得以紫電挾星飛飛上高樓成霹靂軒窗八面燦如虹

十二欄杆曲曲，紅仙人不嘆元旦酒，黃鶴飛，大朱鳥空畫棟雕梁，一夕灰
燼，無復金碧輝煌，映勝地重雨瓦礫場，游人撫恨，烟波真吉郎出郎
不知老成凋謝，息爭猜疑，竊值枉費，烟氣憾，時法費，慈兵燹吼
其哉，我劝諸公莫悲悼，天樓不必定出翻言，悵昔費年，逐浩此時草木横
塞，倉戰鬪，盍到山岸，一樣收拾淺清，成舟送至今，後代恩益功
大都以買不必宋，況復斯樓，數度興替，事歷歷皆可徵，我同康熙甲子岁此
樓一焚落，逆平又見咸豐丙辰，等此樓再焚，發逆滿兩逆皆滅，樓火後
深非災哉，楊棧槍又哉，天地抑鬱氣，歎情破壁，一統利又哉，羨氏狂暴氣
要恐回祿一蕩，其本來造化，一洪爐鼓鑄，却爲大時栢，更備伯豪，一炬火，重開
舜陛，好重興圖

黄鹤楼　贾岛　集虞

高槛危檐势若飞，孤云野水共依依。青山万古长如旧，黄鹤何年去不归。岸映西州城半出，烟生南浦树将微。定知羽客无因见，空使含情对落晖。

黄鹤楼寄题　罗隐

野云芳草遶离鞭，迴向東风倚少年。秋色未催榆塞雁，客心先下洞庭船。高歌酒市非狂者，大嚼屠门亦偶然。车马同归莫同恨，古人头白尽林泉。

黄鹤楼　卢郢

黃鶴何年去杳冥，高樓千載倚江城。碧雲朝卷四山景，流水夜傳三峽聲。柳暗西州供官騎，草芳南浦繞離情。登臨一向須回首，看卻鄉心萬感生。

赴黃鶴樓盧侍御宴　白居易

江邊黃鶴古時樓，勞置華筵待我遊。楚思淼茫雲水冷，商聲清脆管弦秋。白花浪濺頭陀寺，紅葉林籠鸚鵡洲。總是平生未行處，醉來堪賞醒堪愁。

送夏侯子之江夏　賈至

扣楫洞庭上，清風千里來。留歡一尊酒，欲別復徘徊。相見楚山下，漁舟憶釣台。羨君還舊里，歸作獨邀杯。

送友歸江夏　王維

萬里春應盡，三江雁亦稀。連天漢水廣，孤客郢城歸。國稻苗秀，楚人菰米肥。懸知倚門望，遙識老萊衣。

江夏使君叔席上贈史郎中　李白

鳳凰丹禁裏，銜出紫泥書。昔放三湘去，今還萬死餘。仙

郎久爲別客舍問何如涸轍思流水浮雲失舊居多慙華省貴不以逐臣疏復如竹林下叨陪芳宴初希君生羽翼一化北溟魚

江夏贈韋南陵冰　　李白

胡驕馬驚沙塵起、胡雛馬飲天津水、君爲張掖近酒泉、我竄三巴九千里、天地再造法令寬、夜郎遷客帶霜寒、西憶故人不可見、東風吹夢到長安、寧期此地忽相遇、驚喜茫如墮烟霧、玉簫金管喧四筵、苦心不得申一句、昨日繡衣傾綠樽、病如桃李竟何言、昔騎天子大宛馬、今乘款段諸侯門、賴遇南平豁方寸、復兼夫子持清論、有似山開萬里雲、四望青天解人悶

武昌義文　李白

人悶還心悶，苦辛長苦辛。愁來飲酒二千石，寒灰重暖生陽春。山公醉後能騎馬，別是風流賢主人。頭陀雲月多僧氣，山水何曾稱人意。不然鳴笳按鼓戲滄流，呼取江南女兒歌棹謳。我且為君槌碎黃鶴樓，君亦為我倒卻鸚鵡洲。赤壁爭雄如夢裏，且須歌舞寬離憂。

江夏寄漢陽輔錄事　李白

誰道此水廣，狹如一疋練。江夏黃鶴樓，青山漢陽縣。大語猶可聞，故人難可見。君草陳琳檄，我書魯連箭。報國有壯心，龍顏不回睠。西飛精衛鳥，東海我由填。鼓角徒悲鳴，樓船習征

戟抽劍夾霜月夜行空庭織長呼緒浮雲埋沒顱葉

前代日觀軍容投壺擾焉戞

漢陽　劉世斗　星槎

哀江東　見所著漢南日記

四海尚甌全鄂軍城遭屠滅朔風吹長江萬里流戰血惜哉中丞思身死才太劣守江不防江前明同覆轍有糧不餉軍所謀亦何拙雙公　按雙福即提督　督我軍出宗陽莊偉烈倬偉昔成功奇計今莫設桓桓方伯公屹屹多風節就義以從容不朽真人傑提刑　按指臬司瑞元　在圍城士卒親巡閱城陷甘身死拔劍輕命絕常　按指怯良常祿　王　按指怯良、王錦雲　兩將軍壯勇真邦偶孝廉　按此謂舉人楊纘武　特英奇肝膽拼裂扶義氣薄雲霄不愧常山舌太守　不貢

生赴義何勇決綿侯 遇賊群捐軀因力竭廣文吳
先生 按謂吳少白 殺仁慕前哲正氣何浩然星辰耀顏趙
其節良與至生 顯未能表設運脂作編派姓名誰識別哀我楚男人
將總無遺子懸梁多其死人水葬魚腹臨白刃辟胸脂言之情痛
切城頭鬼夜號江水鳴悲咽雄旅敢跳梁名哭思假寇兵束食更
饒運籌多機謀張忠惟向公 按謂欽差向榮 心肝真石鐵援城屢
立功軍士多雄傑上天助虐威寒氣何凜冽轉饋乏衣糧凍餓
屢俱列表餘不 按謂徐佐貴廣縉 何慮遁坐使賊□□大廈一木支枝
我最心傷

黄鶴樓看雪

袁枚子才

漢水滔滔摇白浪，一樓高踏浪花上。相傳黄鶴此間飛，至今猶畫仙人像。仙人一來不再來，我來兩泡騰麻鞋。更值天公張玉戲，雪花片片亂瑶台。鸚鵡洲、漢陽樹，遠望迷離一匹布。妙手猶嫌白澤圖，長江化作銀河渡。廿年看雪但在家，今年看雪天之涯。達人行樂足向神仙夸，可奈想殺小倉山裏長千梅花。長指與仙約，借我黄仙鶴，騎上鶴背發。翁鶴兒休邈邈，趁此高樓西北風，送我連夜還山中。一天明月一枝笛，踏破瑶瓊之重。

黄鶴樓　小倉山房詩集　卷三

袁枚

萬里青天月三更，黄鶴樓湘簾才手捲，漢水指天流，山影五

争渡、酒歌半入秋、深宵吹鐵笛、空自泊孤舟、

穀庭自滇歸午公邀飲鶴樓索拙詩却寄時正將赴
蘇藩任也　樊增祥
新詩欲乘黃鶴去故人已逐碧雞遊雲移鸚鵡首羽持節
風送黿鼉不泊舟　此句佚　滄烟副本在江樓祇
悵留滯周郎宅腸斷蘇州又鄂州

登黃鶴樓（有仙閣黃鶴舫鶴亭詩集　寧人及長陽郎）　雲南　秋興　嚴天駿　仲良

應有聽鼓為無顏，醉酒獨登黃鶴樓。天地側身古人遠，風塵滿眼大江秋。欲吹玉笛招仙侶，自撥銅絃遣故愁。日暮鄉思憑回首，浮雲西北望神州。

夏日節署小平泉寫望　蒲厂詩集　郭寳珩

庭柳低垂綠池荷乱抽簪秋蟬趂白日游鯈戀依綠陰藹藹藤
蘿冪冉冉窗户深拓地廣百弓種花來萬象迴廊風过簾
蒹靄烟綫岚懸乱散水氣來蝸篆緣雨添掬紫開軒敞淡
閑合幽沉曉步獨曳屐晝寢聊眠琴雖近戟衛嚴稍免塵
囂品日尋會心愜微尚背年歲聯吟五年列參佐斯地熟登臨
簪組嬾不御亦復忘山林編懷題額質芝篆蒙懸針托
興比贊皇自待殊奇嶽中與之論將卿此老六月霖題額
小平泉三字為李制府滸年所書
庭前十桂樹獨立何蕭森歷歷如古丈夫深衣

苦霜鐔名貴難年降兵發不能侵甘棠眷昔憩春樹垂

良箴老桂十株作文震斷為禿華野翁鄙附所植春秋換代訝傅舍閱古今老

物最善變白駒那堪攜草木偏有知衰樂良不任時艱

懶得書急處成囂喧嘈謂閒試還目魚鳥知足吾生猶

貴自默灑古忽難禁魘〻一夕逝悠〻千載心

戊申九日登奥略樓作　韌庵詩集

長沙　彭毅穀　任甫

鶴樓餘燼隨飛烟仙人一去不復還官胡山宗祠以摧毁旁有新樓
湧出高摩天斯樓猛壓祠西偏勢欲徑偪官胡還二公有知應
斂避詎爭尺土樓且以丈君平於種隱卜肆李廣射虎栖藍田生
前矣勢尚如此況兒神祠寧能專爭墩亟匪桐國意豈曰勿伐
蹟前賢子來之衆不可卻生祠仍以張公侍惟公謝林之二十年地小不
足供回旋且與官廨閑新治直挈江漢摶坤乾塵飛水沸金鐵
躍土妖木怪奔走旃旌前雄才高擘巨靈掌意匠直造秋毫巔
民雖困窮事則專利或虛擲心彌堅為功為罪了不計有碑在口

民國鎮政府召節報天子禁中高睡黄麻宣九齡風度辰南一
電眸虎齒虬髯須蜷桂人思不群不相發怒颯爽樓頭想郢州作
酒韓蔭覺植識所鎮閱山穿題樓之眉目奧略相不有筆粗
如椽嗚乎官胡時代万戈鋋十年戰血殷晴川益陽雄略倘不
作吾儕安得此地從容宴坐如逃禪況今時局彌腥膻千鈞一髮擔
當誰肩張之洞公來國權志有千秋之能爲我登高樓顧昔九白雲遥望冥冥飛鴻過
登黄鶴樓遠眺次韻 吴水丹徒謝詩文集　　丹徒包安保柚斧
故人隔一水，數日倚高樓。芳樹斜陽岸，千帆估客舟。酒帘
摇綠影，漁網亂清流。閑眺有餘味，徘徊且未休。

将别武昌荷群公赐诗设饯叠前韵答谢

一饭千金未报恩，垂陕史愧祁门。易顺鼎 腐心忧患才名老，托命文章道岂尊。草莽有人忘肝胆，松楸无地老晨昏。灵山寺畔伤心路，留得山渠一痕是梦痕。陈士寿参事以灵山寺下博士泉别业假我居已数载

丈别晴川对酒卮，琵琶空赋浣花诗。五年幕府惭金练，一日江潭得缕丝。鹦鹉为妖原幸免，鹭鸶待阙殆难还。樊云门方伯前岁赠诗云：官比鹭鸶犹待阙。待阙原遂若用杜子春鸳鸯待阙祖事 青袍未改同袍改，吹瘦离亭笛数枝。

功名枉說惠文冠，今日商量壯隱難。去矣魚龍橫海壯，歸歟猿鶴故山寒。枕流未擬從人借，棋局惟宜袖手看。祇祝加餐爲光采，空王何莫指經禪。

陽關曲聽擊輪袍，飛燕東西送伯勞。薄宦心情如水淡，良朋意氣比雲高。三年北夢人將別，五月南流海怒號。還訪成連刺船去，琴聲縹緲隔[illegible]。

貴陽邵卿洲按時任湖廣按察寵賜和章，謹再疊謝

烏鵲南飛念舊恩，還同萬里望君門。龍門尉作瀛州長，獬豸冠疑漢校尊。六月火雲如蓋擁，百重海氣作樓存。祇[illegible]有琳瑯壁，未許天吳濺浪痕。

先帝初元把玉卮，霓裳同詠大羅詩。書生秋燕常如客，九死春蠶尚有絲。拜衮已看高密早，執鞭深恨史遷遲。玉梅一樹瑤階種，也有南枝與北枝。

兩載青袍又素冠，岸皐峯蜀道不知難。翩翩書記元瑜愧，了了朋友范叔寒。作嫁自憐金線苦，言歡猶布衣看。瑤章大似湘靈瑟，江上峯青試一彈。

憐寒誼已勝綈袍，贈別情偏解益勞。海外朱文為鑑嶠，還江邊黄鶴艸樓高。識途敢謂輕千里，躍日猶思助一毫。願祝中興江漢業，徐方更請纓。

雨後行菱湖堤上水木清深欣然有作

姚汝説

朝陽射綺疏一雨散林杪閒行湖上堤萬籟涵張抱淺水搖空明
微風弄烟篠溜瓦同殘滴空樹噪晴鳥橋齒接山岸亭竝壓波
倒絲絲織柳垂疊疊浮荷小搖指竹籬向野花自媚好豁目見巧
圍岩翠交環繞回望大別山隱約出層表嶺陰扳溼雲石腳生
新草露痕清如洗沐風葉亂不掃冷然碧襟前徒使氣漭浩
歸來卧虛堂餘情寄空杳

賀文忠殉節碑亭落成敬志　　清　王景彝

二首錄一　見琳青詩稿　叩攝墩子湖　彭中丞建碑

一丈豐碑大道旁，雕鐫篆炳如金，依然原子沉沙骨。同此羊公墮淚心，過客争摸蘇蘚苔，慶還文不受蘚苔侵。中丞大義農曹筆，曾遠周農部　萬古山高與水深。

霽過墩子湖一首　　江都　郭寶珩百遲諾厂

辛卯舉人　直隸州知州　著有藕龕詩　五琴館　錦瑟樓詞

雨餘新綠滿江城，一塔青山媚晚晴。小市魚蝦雜菰菲，斷碑

最願階柴荊夕陽終古閒如許野水勝人漲欲盈收拾携來[illegible]
醉茶甌漁具坐睡等

江夏与章冠之遇別後寄贈　陸游

騎鶴仙人不可呼一樽猶得与君俱未應湖海無豪士
長恨乾坤有腐儒壯歲光陰隨手過晚途衰病要
人扶凄涼江夏秋風裏況見新豐舊酒徒
正

附楚帖

凡拓片六十四係原石嵌在省垣陳氏義莊走廊前署兩江總督江蘇巡撫陳鑾曾用双鈎鐫刻有李北海唐戈林寺戒壇銘欽著栝州刺史李邕書附跋云余見北海書數十種用筆多異惟岳麓雲麾相似此帖世不概見出米芾隸書明代有張廷正石蹟然多遠遜東園詩及各跋鐵太岳書有虞仲正翁風度襄懿字龍忱氣韻字如其人跋者多起家母隨宕舉此外則懷素書如大楷六唐原吉李東陽書合為楚帖最後為陳愛培書劉墉之父安樣董慶封翁此蔣丹林釋擇跋云華庵先生由學博落擢宣城令設網於池備佐大芝稻中一正石精度廣為搜羅各附跋語為辭集書定石刻今以之梅江右東都

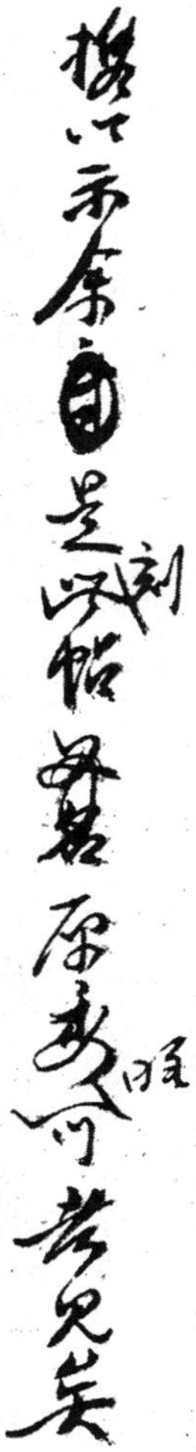

江漢書院碑文

從來文教之興也，上必有鼓舞之人，下必有肄業之地，有其人其地
而後多士景從焉。於以興文化，於以上國運，豈淺鮮也哉。善
治世化務求其道，即培養人材以固邦本，設於肄業之所與
剛創之有別，類之此吾楚書院之設，雖肇於方伯黃子而一
遵勅紹規制詳備，與石鼓、嶽麓俱為作人重地。然庚
子以來，重修於方伯程公，而公之時，多士咸歷之而無異
書院為教化所係，不特徒事規瞻而已也。今天子右文致治
崇行重道，令海內以小學課其基，而任於性理之流，質也已
非欲天下士習行倫常，優其卒者，要則肄業之地誠宜急
講矣。公無久需之，數年間往來江漢，其視書院為公署，往往借騎

不推諸公之言徼不相同而類把之狀及鄰邑述大聖人在庭遺像

其能存器安乎都人士未嘗不有茂草之歎也

大夫安富尊榮或不顧人之顛連困危而利止於一己以視首道人相去何如耶道人既無家而芳無作而責自大夫搢紳以至鄙婦孺悟恒敬之重之以民國三十二年二月二日卒於漢口天主堂醫院享年六十有六歲武漢慈善團體諸同人僉議以三月二十一日葬於長春觀後山麓卒之日適值夏歷歲首道人方在漢集議拯濟事猝爾中風竟不起葬之日自漢移櫬武昌中外官紳商民及孤寡窮殘廢之屬皆環祭送香花盈路信乎功德之深入人心也猶憶民國二十五年武昌剗修環城馬路遷塚墓累累以萬數諸善士籌資斂瘞而首道人任營周衛嗚呼首道人之異於人也多矣今之公葬理固宜然既葬同人爲建墓石屬大華爲文以表之追十餘年來大華素與道人傾談

知其嗜異者希力行老氏救人之精義而與儒家之仁
相脗合不得謂道其所道非吾道也予友翁崖叟以誌
東北須表

長春觀住持侯道人墓表

胡大華 蓮舟

道家祖老氏，主清靜無爲，或議其重自修不重利人，其道小。而不知老氏固抱悲天憫世之志，急於救人者也。近世有學老氏之道曰侯道人者，諱永德，字靜悟，籍河南禹州，少好道書，父母殁，離家訪嵩山名師，皈依焉。旋受戒於南陽玄妙觀，南遊漢沔，北走燕京，出遼東，執事各大叢林，繼乃住持武昌長春觀凡三十年，宣揚教義，博取士大夫信義，仰施捨，先後置田數百畝，贍眷道衆，新建藏經閣、來成樓，規模益壯，又設修、濟大道觀，總理漢陽玄妙觀，旁及諸壇院，悉力傾助，其護教弘法尤此。辛亥以還，偕集紳耆創同善會，日者施茶、寒給

每年終賑米數百石病者送醫藥死者捨棺木於貧因
居士我國災多以為常雨暘不時則設壇建醮虔禱輒
應異遇大災益奔走大人先生之門百口勸募動輒能救
萬濟難民一無所私民國二十年漢口大水二十五年天門大水
往往躬趣鄰壤或捐財物罄小貲冒雨大風浪
以濟其事未嘗辭勞也設平民學校延名師講授
不取學生一錢養之兼以教實足補政治所不及二十七年秋武漢
不靖群情惶惑道人不避艱險聯合各慈善團體分設避難所
供人食宿全活無算其矜念瘡痍倡導義舉中如此其老氏
有言我有三寶一曰慈慈故能勇韓非子解之曰慈母之於弱
子也務致其福而除其禍則其行之也不疑不疑之謂勇
若道人者非深得老氏慈勇之教能以救人為己事者嗚呼

重建長春觀大殿碑序

蓋聞樂善降祥易之言矣捐輸重金重葺廟宇功垂於世德鋈古今甚矣惟大善大德之士方克成焉若鄂省賓陽門外長春觀創自上古由來有之斗規模壯麗中外馳名近被兵發以後瓦礫荒蕪深向於庚申年經首住持李賢明募權越領囊梁脩葺二聖觀音客堂等房山門牆垣等處已今矣重斗住持何合青漉肥家肝膽戴月披星稽首衙宇以募　閱觀新堂宦紳人海闊廣清好善樂施捐俸金有平足色紋銀式千捌百兩購木鳩工重建本上道祖大殿一棟凡我道家共觀鴻建其今日功德

辛勤固已無量，而化月龍華會上福有攸歸，爰泐石

鐫銘，以貽永遠，庶使千古而將人人知有芳名載之也。為誌

同善行印姓名另有傳[?]

監督工程王廷棟[?]

大清同治二年八月吉日信耕何可春

蘧湖精舍門聯　令人

溯周秦漢魏唐宋元明清以來代有作者傳人欲以
精誠通寤寐
務歸到文字
逮屈宋庾杜孟米鍾譚表而後誰其繼者莫後

武昌八旗会馆联

花堤明月桥头有石坊额题冀卿祠四大字即
俗称之八旗会馆也祠内左首原建有露台联
文襄精舍时以标素以登眺可与两湖书院湖
楼上人对语露台下临李有文襄题联上句云
前后三持节下联后半烟波一钓徒

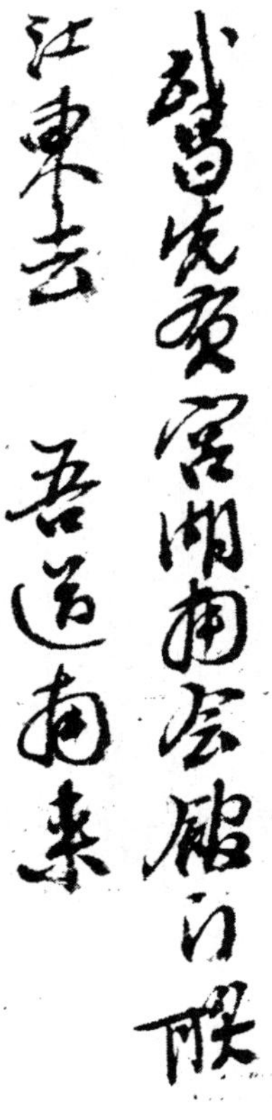
大江東去 吾道南來

題武昌公桑園聯

譚繼洵　敬甫

美利盡田園，許蠶家生意平分，微行試問豳詩地；

成功告纏組，有五色天章可織，厥篚新呈荊貢時。

收文襄壽劉封翁聯

劉邦驥字湘奎滌以學人游日本學陸軍畢業歸居武昌張文襄幕治軍事其封翁年旬稱觴文襄手書壽聯祝之曰生兒能學萬人敵此老原非百里材蓋封翁曾任知縣者也此聯遂爲人傳誦

題武昌各衙署春聯

武昌府署大門

遠追二千石良規我輩當如漢吏
恩起十七年廢籍斯人忍負蒼生

二門聯

燕柳最相思身別脩門二十載
楚材必有用教成君子六千人

武昌鹽法道署廳事聯

講席廿年心在鹿洞學規嚴義利

梁鼎芬太守

公庭臣月尾龍門詞意寫芳菲

武昌鹽道署客座聯

不可要奈規座上每來攻玉友
魚餘薦世園山中恐有賞鹽人

武昌臬署聯

草長庭閒刑官襟抱多春氣
江廣濮水楚國聲名壯上游

張文襄輓瞿方伯聯

光緒末瞿賡甫方伯廷韶殁於武昌藩署時文襄在京
召修學部章程留北京因耗並以電輓之文曰人琴憶舊
三千里風雨同舟十五年文襄在鄂督任實有十七年偕
方伯在鄂亦久對語云云紀實也

一枝巢聯　自題　見江夏志藝文

明　郭正域

自此鷦鷯堪托宿，任他風雨不飄搖。

武昌城内劉園花神祠聯

五百年爲園主人，高台曲池，點綴江城如畫裏；
十二月催花使者，和風甘雨，氤氳香國以春多。

武昌劉園聯

挹朝爽西來，杯底嵐光飛隔岸；
望大江東去，簷前帆影落遥空。

通州劉錦塅純齋

湖北鐵路學堂聯

侯官　嚴復　又陵

遵大路而自東自西自南自北爲之斡我所脈兮天下車同軌

登斯堂也如切如磋如琢如磨兩尚可心允有志者事竟成

題武昌府同知署楹聯

武昌同知兼綰水利　雙壽　松如

使處治中別駕之任。書以河渠清漁名篇。

又

山色連城定有詩人回杖履　江聲滿耳坐看小吏老文書

又

水道佐宣防。江漢東流。徹日不盡朝宗意。

天威瞻咫尺。長安西望。遠道時懷捧日心。

又題同知署聯　雙壽[illegible]

方城爲城，漢水爲池，大好江山資坐鎮。
西望夏口，東望武昌，平分風月付閑吟。

又

隨絞州蓼鄖壤相同，何須更獻防江策。
沔漢沱潛安瀾待慶，祗合勤修水利書。

時有水患故云

賦經め

銀元局聯

楚國以為寶　天用莫如龍

軍械局橫額

財力雄富　士馬精妍

又題武備學堂聯

執干戈以衛社稷　說禮樂而敦詩書

張之洞

又題書室聯

未忘麈尾清談興　常讀蠅頭細字書

武

聯二

山川增壯采為有郢州高曲江夏奇童　張之洞

又督署聯

千里舳艫聯豐農陳歲修江夏獵

三軍裘帶洒府僚近接峴山游

又

蚡冒勤民篳路山林三代化

陶公講武營門官柳四時春

署內十桂堂聯

畝欄干春晝永　萬家臺笠雨声甘

又題幕僚廳聯

素傳蹉跎莫使杜陵悲晚遇　集思廣益曾同葛相臥中興

武昌織布局門兩旁橫額

經綸天下　衣被蒼生

麻局橫額

周官治枲　漢隰鋪棻

紗局橫額

布衣興國　藍篳開山

鑄銅元局聯

岷山導江嶓冢導漢　陰陽為炭天地為鑪

對聯

武昌名勝字 楹聯 坊額

督署聯 張之洞

北起荆山南包衡嶽中更九江合流形勝稱雄楚尾吴頭一都會　內修政治外肄戎兵旁兼四裔交涉師資不遠林前胡後兩文忠

按此聯有謂係幕府外人獻贈於文襄公訪知其以妥帖此傳聞之誤也故仍屬之公

又聯

江漢水東流。舸艦黄龍。節府上游尊柱石。
尚書天北斗。節稜金闕。泰階中夜炳台垣。

又聯

盛時礼樂入歌謠家頌禹功戶承周化
重鎮疆輿資控馭河流巴雪天接秦雲

又聯

圭瓚佐中興。江漢萬年周雅勒。
砮丹修職貢。金銀三品夏書登

又聯

士馬帶雄風記曾蕙圃春蒐釣台秋宴

武昌觀音閣聯

斯林了了坐大河前横烟消日出現樓台仍說普陀勝地

自有以來高僧虎止鶴去人空留像教權開歷劫道場

佛生第五十辛未仲秋　釋少子曉山鳳敬立

長春觀聯

官文　秀峯

天風浩浩吹開大地塵氛澤流寰宇重興寶剎名山東來紫氣

江水滔滔淘出千秋人物功冠凌烟何如閒雲野鶴時嘯黃庭

指在鄂垣候補衙後左都府堤

題刘幹臣廵三宫宅门聯　端方

紅杏頭銜新奉勅　青蘇家世舊傳經

時刘已授尚書衛瑞尚書郎撫書此贈之刘用刻於门

硃漆制板金字文刘楊子勤太史撰也

題屋宅前遥魚行门楹　江夏陳寅書　齋生

行設在文昌门外鮎魚套江堤布招曰陳懷順外懸有

文趣橋甘鵬青時在壬寅春也

於水族動物中求新生計　看長江流域内起大風潮

按下聯因撰於庚子次年故云柳梧叢理識也

武昌菊湾廣宅門聯　楊守敬

閉戶著書多歲月。揮毫落紙如雲烟。

程[illegible]史橫街口宅春聯　前面自營新式家俱舖 時民国二十年春　程頌萬

周礼冬官考工記　皇洲春色早朝詩

都府堤宅春聯　柯逢時

中外禔福　江漢朝宗

武昌首屆名人府宅聯

清末任鄂軍二十一混成旅旅內聯　黎元洪

知澤龍方蟄　中原鹿正肥

題內室聯　梁鼎芬

零落雨中花春夢驚回棲鳳宅
綢繆天下事壯心銷盡食魚齋

又題住宅聯　梁鼎芬

往事憶觚稜月明猶照千載

新陰畫桃李教澤君子六千人

按此联兩下句梁氏書用於府署春帖

武昌府

自題門联

海有橫流慙報国　山無藏本愧傳家

周錫恩

按右联周氏始題於甲午乙未間其時方康省垣上下

联語云云不見

自題省垣寓次門联

武廷緒

吏丕牛馬走　出上帝蟻飛居

武氏承年兒人光緒十九年壬辰科進士選庶吉士散館同知州所居

武昌精忠廟祀岳忠武王題聯

入其國不非大夫，若宋高宗且不論；

古之人責備賢也，於張魏公又何誅。

席書臣

鶴樓仙棗亭聯　何佑基

千年仙棗不留種　五月落梅猶有花

吳曉樓撰　鄧芝山書

放眼看江山無限白雲都過去

題詩問鸚鵡何年黃鶴話歸來

官胡二公祠聯

廉藺是社稷臣善相讓過相忘風義足爲天下式

陶庾在節鎮日離則傷合則奚功名留與後人思

鶴樓呂祖祠聯

楊守敬

劫火又樓臺。況多難多艱。長安西望。
高山尚祠屹。看群賢繼起。江漢中興。

續記之聯

任大宝云 騎鶴翔空一瞬之黃龍甲子 神訊泯迹會求忠孝作神仙 以聯提氣 以俟民国後題

段祺瑞聯 古今稱形勝，歷滄桑幾千年，甚興廢治亂，思都付與大江東去；雄襟至霄壤，高瞻遠瞩，萬里山林，蔚成英雄豪傑，尚有與斯樓齊名。 據此為吾黨以陸軍海長來觀，斯將時旋其誇為日氣殊不知

陳國瑞聯 黃鶴飛去且飛去 白雲可聚不可留

又黃鶴樓聯 大江流日夜 明月照高樓 朱名

又許太眉補聯 江山同黃鶴 嶺上多白雲

又附記鶴樓聯語

清光緒間有黃鶴樓志一書彙輯當時所有聯語游客登臨隨在有印信處留題一帙出從兵燹已付之焚虖一炬矣就約略可記憶者附述如左

[illegible]棋聯

胡林翼聯　黃鶴飛去且飛去　白雲可留不可留

陳國瑞聯　黃鶴飛去且飛去　白雲可救不可留

李鴻章聯　數千里有湧激浪到此樓前、忽吸一搖桐、江漢雙流相匯帶、十餘年翁英雄悅丸夢幻我來重訪鶴洛桑三度記留蹤

方維新聯　對江樓閣參天立　全楚山河縮地來　方方苗人

彭玉麟聯　心遠天地寬，把酒憑欄，聽玉笛梅花，此時何處；我辭江漢去，推窗寄慨，問仙人黃鶴，何日歸來。

張之洞聯　江漢美中興，願諸君勿忘時艱，莫但賞樓上風月；輶軒訪文獻，記早歲放懷遊覽，曾飽看春暮煙花。

會稽陶山聯　白雲黃鶴，[illegible]有此詩伸九百年前樓閣重新，誰是上詞客神仙，一流人物，看東湖左三千界外，海潮不到我能來。

陽湖許[illegible]聯　銅琶鐵板大江東去，以題保由[illegible]壽題有[illegible]部[illegible]特十載；月明星稀烏鵲南飛，[illegible]人誰是繞樹三匝最[illegible]。

孝昌陳寶[illegible]聯　一枝筆挺起江流，問到最上層，放開肚皮，直吞將八百里洞庭九[illegible]雲夢；千年事幻在[illegible]裏，是真[illegible]。

德慶長聯　人間有眼界，那知[illegible]去早了黃鶴，來遲了青蓮；[illegible]記曾到[illegible]西來大江東去，一段在這樓間。

周貞[illegible]聯（三九[illegible]子作）　青蓮應怪我來遲，不敢題詩，題被隔江鸚鵡[illegible]；

黃鶴樓[illegible]語陵　黃鶴已隨仙去久，倘教重弄笛，定當遠喚鳳凰飛。（見西[illegible]陵）

父子兄弟進士

武昌宜風巷張宅門首嘗表有父子兄弟進士榜額以張尚書嶷當由進士起家其子仲炘袁薦又皆進士也兩員仲穆履濬又懇有光亦同科榜而宜風巷之榜仍並揭焉又有諸宜風巷榜係父子叔姪兄弟進士者則以尚書有兩弟名槃者亦進士出身與仲炘叔璩孫叔姪也是一家而有四進士矣

富有票案

富有票與貴爲票同爲票布蓋取有爲二字名加番號耳光緒庚子長江一帶此種票布散落已久迨敗露之後演其家是歲某月日晨起至大朝街見市人叢集似圍看戲法其偶擠入諦視見頭一堆均定（惶恐中）具未見其首與血痕也迺觀別種不怖驚目怡然爲富有票案訊後法办北大朝街非行刑地或在別处斬誅而曝尸此地以示刑人於市之義耳聞唐佛歷

才常即在此役中訊時張文襄一再示意開脱設法
保兩湖高材生我所素知何至肥安如此必爲人誣扳
而唐則操慨自承且反唇相譏爲文襄與其父皆一律
就地出之矣一日過武昌府署見大門外懸有斬樓碑
書諭云凡受有票布者投收免死并准停文襄意
不欲過事株累故以票不足以爲有無票可互證
裁餘於後

王葆心重修鶴啟稿

再續漢口叢談戊申之秋武昌當道倡修黃鶴樓浼余為重修黃鶴募貲啟云云後列募啟全文約六千餘字留賸辭也王氏以文大力包舉典重高華殺之所為散體文倍工蓋積思作撰者壬申為民國二十一年所謂當道時為夏主席斗寅王氏方家居恒過黃土坡而與同人陵待社諸大朋衛門上國反之別墅以文貽其時常從副張主席任因又撰有募啟其文亦駢儷則為漢陽黃君撰

張蓴湄君爲出寫定冊見眎題之爲此詔老父不僅是也
然以文論要以生民福爲福是足傳焉

肖恒假皇帝案

光绪二十六年肖恒假皇帝案哄动一时街谈巷议皆此事也
当时闻其人在岳口称朕令之跪曰我跪天岂向汝跪庭
讯与脚不坐在监阳又树巨帜肖恒与识及吏争锁以资有
某与吏趁承尤谨似在京确任其出身大内者宣付半载一日忽
闻假皇帝已正法矣当时又闻当道均惶惑惟江夏令陈树屏
独毋刑讯曰有事我顶以月书之余闻张文襄二十六年肖
恒陈此案始末情形所叙七政与所闻略合至杨庆有隆等有
谁乾杨国麟即李叡所闻称伪后为称之状情及自行到楼沿拟所

昔招兩君已多周旋甚為推崇鄙人欲言無由曲求東因跂祝祈
何雅情過甚以致傳播外間有識者指中節同自十年春
在津沽日在蘇及在豐日稱為天下一人又自稱為寧人因此又自稱為本朝（又自稱為本朝）
陳樹屏將諸水師責故痛詆諸師令之五七人此案未處分誌年月
鐵為時甚久又將（隨等辦）室大有同潔求兩日親提審獨見
上訴（對此案）無甚把握而陳樹屏之有膽識今事久議可假矣壽二
十六年為庚子情俱內為外患而省垣以有此案動行事張
道省垣人士今為能道其詳也

清武昌城陷殉常巡撫

漢陽劉世詮日記載作於 壬子冬太平軍初至武昌時，時撫

最詳，以省城之陷為巡撫常大淳及提督雙福之咎，而

於常撫尤一再及之，似有餘恨焉。其記稱語尤詳，因為附

武昌人皆怨常撫，如防甚力，決計將門連日緊閉，派人約常

撫開城會戰夾攻，奈常撫怯甚不敢。又記常撫兵祿慶

額出城，常撫堅不肯。常撫兵勝，恨之。又記常撫兵僕射每

怨中常撫、雙提督福甚。又記常撫兵至武昌，兵士平莫有鬥志，

指常撫與雙福曰：百萬生靈有不送於二人之手乎？嗟悔恨久之。

又一日記謂湖南陸路撫標（撫標印）兗營得賊首級此貴給五十兩而常撫標賞
銀二十兩故兵譏常撫衛所以男論同賊迫戰常撫不許止之
擬常但伸眷且冤（求）常巡撫雙提督議罪之罪劉氏日記述
篇累語當歸咎常巡撫與雙提督於巡撫責之尤嚴且形之
詩歌（有哀江東篇　只載其文）有惜鄂中丞遇身死才大將守城不防江篇
嘅同愛撫弟語何其言之痛切也惜此倚樓文集有常
大淳傳謂大淳守城兵不及十營半年之中率兵忽無成從甚難
之色又述大淳殉節時眷屬慷慨妻子仆婢死者甚衆中上亦讚手
諭極悼似王壬秋所述與劉君斗記有異同但劉氏亦載常撫殉節
謂我死死諸可憐城內百將弗從到常撫非將殺不保於人也已矣

武當宮唐朝圖式

丙編武漢圖經東部垣武當宮取來創建時圖式一幅，未色繪印，顔曰湖北省武當宮全圖。首進納於出此圖，謂係李唐時創建模型，而旁共書有前義公園字樣，則民國所摹繪也。中有首進為自下而上一靈官殿，再進為太上大殿，又進為玉清殿，前殿上樓為玉皇殿，後進為誠隆殿，殿之上層為斗姥樓。居右前進十方堂，二進為客堂，三進大齋堂，四進祖堂。居左前進號房，二進齋堂，二進寮房，後進方丈室。又左前進側務堂，三進小厨房，四一般學校室，皆詳有若干方字並占地面之度數也。此為民國年

建且移文備編入圖經，必[illegible]毁與唐時舊制無殊甚遠，是爰並記之，

俾[illegible]訪古者參證焉。

梁節庵題端中丞像贊

清光緒末，黃鶴樓下屬大廳，忽有鄂撫端中丞方小像，附記鄂臬司梁鼎芬節庵題贊，末署云：雅州之匹，蓋陽之忠，吳楚相望，斂思無形。時中丞由鄂撫奏移江蘇，梁以胡文忠撫鄂、以湯文正撫蘇相比，頌揚備至，又極親切，如此情尚有，亦以為不朽千秋矣。以等長短句當久記不全耳。

樊方伯增祥和端中丞黃鶴樓讌別詩

前撫端中丞方將赴蘇，適郵任漢蕩司李穆度伯紹芳由漢歸，中丞讌於黃鶴樓，即席電奏，薦樊方伯增祥家詩

旌陽樓七律詩冠以駢文小序（詩見藝文）主客標東郎

横未擬之樊詩序並工甘讀貴載慕中故招付諸一

时況風趣柳佳話也

武昌各刻書處

光緒間武昌省最著手民陶子麟張漢臣之外尚有鼎足而三者則傳信集文也其刻字店設在長街工人刻書則在正覺寺內與陶子麟三佛閣刻書處皆聚集有同稱一時之盛傳信集文初為梁節庵兩湖書院時所賞拔初由張廉卿中翰所提拔而起中翰時掌接好推薦陶君勝書家傳以書院陶姓院內見工人刻書而好之中翰諸子戲語曰汝能比宋曰能使奏技呈中翰語不學由是其方指授各因以宋後四部詞三稿因攜工飭刻則盛況與傳之正覺寺與勝之斬矣

刻鄂宣統通志

宣統湖北通志由陶子麐承領刻印，其書於民國七年正月

十年工竣。議定每字刻值工錢二文六分，正文與注大小字

價一律，作金石部門篆隸書，傳式北計刻成版片本架

其有奇，兩面雕刻，其所餘點交時陶子麐接

任湖北某某某架內，尚有損磚層樓于陶之樓子某

同某宗文向書版，該局領刻架被原委於其末也

爰爲誌焉

籧湖精舍

民国二十年，武昌省垣大朝街湖上园曾悬籧湖精舍牌。籧湖北取与歌笛湖地近而名。先是梁廉访鼎芬授勤居省垣，鄂中门徒馈赠旅资，虽受而不动用，即以此款刻瑞安孙诒让所著周礼正义。稿着手未久，武昌义起，及主席集鄂名宿于湖上园，亦资校刻于同人聚会处，题此额。年余，汇集杂稿及诗社之课诗文，先后排印，名曰籧湖文录。周贞亮、郑宝琨、周景埠、王葆心等皆预其事也。

同治江夏縣志論節義節孝

志表之首節義傳次節義姓氏一詳事實一但載姓氏而已此
言男子其節者專載婦人綜例亦然其節者總謂有曰忠臣
不事二主貞婦不適二夫其守之正一也惟愛人疆土不慎防於平時
徒以一死了事此常人之所謂臣亦匹婦之諒也似不以言忠婦人之能立
大節者於爲夫以代之事蓋其一若拘夫以死之殉烈其義釋
此謂典之所以節烈者也蓋古者女子未嫁男將既殁偕守之人抱主從死非
以備禮祀犬而異焉此種義論讀謹死不在以忠孝上有附載爲備員
者今世俗論法嚴則不可爲訓矣

同治江夏縣志藝文

江夏志藝文一門分數子目：一欽頒書籍，一御製詩文，一先賢遺著，一名臣奏議，一邑人遺集，一古蹟留題，一金石蒐采。今欽頒與奏議兩目可去，遺著與遺集可併，古蹟已載入疆域內留題，似可不另標目，金石亦可獨爲類目也。又其雜志類列流寓、藝術、方外三目，在祥異之際，邪教之前，似嫌庬混。

同治江夏縣志

同治江夏縣志於己巳（同治八年）告成時為宰江夏者為王子

太守庭楨甫序并首次則彭公崧毓序彭序尾拈以倡

此邑人彭公修職之此邑人彭公崧毓以中有云家味之之夫人

邑侯恩公之謂吾夜取書而不得而忽見某[redacted]恩即恩紫

味之為文修字號贊書雲周邑而道作志任修纂王修安

署庭桂衡名錫桂夏侯汪寅之守皆名宿以為之十三卷

發生志則有陳樸吾讀子自為物志為寧以為之序頫索

敘望小雅

看鏡樓

在首垣清真寺巷民国二十年门牌為第七號襄陽錢葆青住宅也因得岸棠本鏡印以名廔曾因待社輪錢值課白集於此課題爲秋雨飲看鏡樓願事有張羅卿王子射楹帖書並懸梁以廣傳甚看鏡樓三字楣額壬申秋壽以詩見之敘文

熹平鏡

錢氏存青仲仙謙熹平鏡跋於鄂垣住宅寓看鏡梭文
於漢口建熹平別墅已分栽武漢兩業僕之真
收藏像趙則涉同光時客襄陽幅署於隆前
里人據地得古物甚多往論署共朴值
八千文仲宣如數付之則有熹平鏡在內尚有
熹平磚因題又重熹樓其他為錢鉤等
曾倩人題繪有盛伯羲祭酒跋王勝之書

況又稱　侍所繪圖振戲前此鏡爲張鏡江所得

仲宣得六千金有語其娥佳可悟北宮以假爲者

在張氏家也

梧桐清蔭圖

王勝之太史既為錫仲良題看鏡樓圖又為
漢陽路西疇青村翁題此圖時君方稱文林
鶴太史旅滬分繪此圖段視路在新北山
陸樹宜舐卷對兩指識滬為定如至此感召圖
之曲園室內桐樹蔽而複活披之題詩紀
定卯

由武當宮仙棗亭看元泰定碑　李以篤

路轉峰迴處，孫亭歷夕陽。徘徊一片石，轉解證金，稻望先秋紫，山峰雜草黃。仙源如可接，若我白雲鄉。

放翁詆頭陀寺碑文

昭明文選載王巾撰頭陀寺碑文，已載錄強半矣。文見藏留其
起首一大段（累四段有云），全是虛冒，廣泛文字，故先乙去。至頭陀寺爲汲君
慧宗之所立也，以及勞芳紫泉根句，此四大段皆文章題識，備載
歷任住持法名及修造事實，以與史蹟與寺之興替有
則全錄之。後幅其辭曰一段，亦是聖文，故略之。右與按：放翁
入蜀記謂：以問柳此四碑，駢儷卑弱，初無過人處，而往以載入文選，故
貴之耳。文選於此碑，其今人讀不終篇已坐睡矣，而況數之乎。又若

魯直云惟有筒樓碑文庫出錦繡文章蓋戲也放翁力詆筒樓
碑文如此同見之於八月二十日所記筒樓即是巾之字也

惜陰

抗戰後宜都楊氏首垣菊隱斗級嘗華軒館折毀罄
盡有府學北廡齋內魏鄰茀老人書撰惜陰二字崇刻
楹楣後紐陔云年十歲時嘗讀等審書是真愛惜日忍之七十
急開掘云之言廹悔仍為書此以問藝者以示我後人致
畢生從事未嘗止用功此樣茂陔以簡當昭貼切付傳
顏北室內雅置版片請視為梨樹一面雕刻極工細
詢係歷代詩草地圖惜有殘缺耳

楊惺吾門聯

藝文類聚有楊氏門戶揮麈集句聯付開爲楊自

集羽陵今在楊氏華萼詔儒識印根方書館貼在前後廊柱

羹對句語涉鵝經播必人贈方名六友補語

張文襄公石像

丁亥春同友人謁故金城長村有公石像以往此處遊覽
往未見昔從前年老現發師謁左長村僑竹籬院內
一日簫經中課視見石座上塑公冠服像石刻杖尾
已殘並無由知出土時為誰所損斷也曾以詢何議長及李
館長詢悉為鍵斷廢時乃祠堂館行政院此像
忽不在或謂即行已還往附近里俗又一再往探則撤
不知其蹤跡矣

黎元洪題詩石　高三尺草書遒勁老蒼詩云雄傑

寄託遥深大將才人而不甚詩志此也共石兩截存其一

如此江山如此心一樓雄峙古猶今神仙蹤跡雲中鶴豪傑

功名夢下琴事已成陳多感慨人猶有恨是不能標誤

江上趁須臾讓我遲遲撫鶴歸

丁亥劉前攀戊石附名題詠矣

此石題道光七年

人物志略

同治江夏人物志分为忠臣孝子　文苑　行谊　武功隐逸列女节孝节义名数兹就历史最著诸人名字一二俾阅者知其为本籍耳

汉

名	字	仕履	史迹
黄香	文强	尚书令　东郡太守	人称至孝，九岁失母，父无奴婢，香暑扇枕，寒以身温之，即廿四孝中所标扇枕温席也

三国

名	字	仕履	史迹
孟宗	恭武	仕至司空	母思食笋，冬时池凍无從得笋，宗入竹林哀泣，须臾出笋，莫供母，遂愈，即廿四孝之孟宗哭竹也（二编冬月）
黄琼	世英	太尉　香之子	随父台阁，习见故事，及居職[illegible]，谥忠侯
黄琬	子琰	司徒　琼之孙	

吴

名	字	仕履	史迹
费祎	文伟	封成乡侯	代蒋琬为尚书令，识悟过人，饮食博弈，人之欢毕亦不废
孟嘉	万年	長史	为桓温参军，九日随宴龙山，风吹帽落，温令人为文嘲之，嘉请笔作答，词超卓

唐	李善	江夏	崇賢館學士	少受文選學於曹憲流姚州後居汴鄭間講授文選學所注凡六十卷
宋	馮京	當世	太子太師	三元及第為富弼婿諡文簡

武昌書畫家

江夏刘维善字宝亟　吴寅斋字文宰皆诸生
宝亟山水仿戴文节诗其著润名俊唐时见有
画笺出售诸左高观学堂鄂垣初名教图画文宰
以字冠鄂垣场取第一入学学樾蒲潭刊蘇於列之小
真书行楷踏肖其学翁北刻合成观王诸人为集
锦屏帖以总称学米董亦肖装池日见其书马晚
亦在鄂学堂教习字论者推为清季鄂垣之一书家一名家

清季前垣西醫家

武昌羅東卿住糧珠街門懸醫爾有俞樾の大字
扁額胡文忠公書贈也民國初元其孫因有胡林翼
三字下鄰認以為濫時當事字亟將扁招忘私折除之東
卿診脈最認真每按病者脈適時不許人述離脈斷為
某症惟喜用涼藥於脈金發錙銖雖赤貧不較也
楊開門儒生也工書並善按脈症[illegible]性後始提每
一按脈即處方有附[illegible]減蘊分愛頓楊口娓娓不絕
似憶其在看病於頤所愛方極平穩而又對症脈資
不居向辛亥在漢名尤渠其寓在貢院西街歷事內
患有十餘世得醫名號且[illegible]其前數名有楊[illegible]北[illegible]

其亦為省城人多誤以周門為楊鑒，蓋深[illegible]
而不知誤矣。

省垣名梓人

黄岡陶子麐（湖北黄岡人）用刻字起家，名馳海內外。鄂城柯氏、宜
都楊氏、沔州劉聚卿京卿、丁衡、鄂、蘇、戢、陳（荣、吳、郴）
潛江甘藥樵等、黄陂陳士可等，每欲刻書，本即
倩其督理。楊氏之景宋、劉氏之景滂、柯氏之寰
刻日本醫書，以及江陰繆氏翻雕名善本，康不經
其手。此所居在蘭陵街，後門與兩湖書院對，其橋
工刻者多，設省垣[illegible]三佛閣口地比栻，能容多工

匠也有最大部書必賴其坡星陶姓男女工皆以此
為生能味嗜古者以腴揄商賈論其美惡其名利兼收
柯氏倩陶發刻宋大觀本草每賦一圖皆以稿進
柯氏親見然後即在陶處付梓全書二十冊
圖俱精美金石草木蟲獸鱗介靡不精工此外
陶所刻趙孟頫城照之湖書張紅窗之桃花扇等
傳至海外皆稱工絶並同光間所刻名著之梓矣
子麐為楊鍾羲所刻韻蒼閣集白華絳跗集
皆楊鍾羲手書錢木鄭蘇盦跋閣集實與題贈
字皆不失原神於是盛伯羲祭酒遺著亦精刻不朽矣

鄂垣宦場多書家

先此宋武昌府次多名宦，尤多書家，如張此平、敬中、楊翁石

兆之潘是也。此平遂字幼平，明南進士，官至[illegible]武昌知府，

工書畫，其字遒勁，極諫工力極深，與何紹基字體不同，而體千鍾

自出機杼，一也。書畫多巨幅大軸，每於黑石上[illegible]墨[illegible]

字植其勝者，附於撫府中，今存蓋松柏蓮雅好姿態而出之，有[illegible]

氣。敬中字[illegible]佑，[illegible]人，咸豐三年七月舉人，任湖北知府，每詩識

為同光試友，且善顧書，為免[illegible]，如蔡廷倫與王蒙樓體不同，而

精神則同。晚年大慄寸幅，人多寶之。有《集[illegible]》。陳同書，南河人

程康圃鋒所但以行之楊壽昌字穰初巴陵人官湖北最久歷
宰諸州邑有聲晚年與書字為生喜蘇得其[illegible]
於篆有甚書如武昌張字[illegible]朋直隸人居吉士極能用
知縣事京山之最久字[illegible]稿大字四小真書皆有工
力篆小行書亦可目愚晚[illegible]擅[illegible]雄[illegible][illegible]深[illegible]行
之附壬癸兩科[illegible]年浙人[illegible]收藏[illegible]經
銘見[illegible][illegible]

江夏金石書畫家

江郡郡守清末多名流入仕相有曾衍東字青瞻山東嘉祥举人（畫）尤善為諷世畫每畫脂子鈸子題詞其上洋洋洒洒滿紙皆痞意也小斗方及羅漢屏之類仕户及書坊裝池時時見之潘為諸可權字貴卿浙江德清人善畫蘭及他他花卉書諸尤工学蘇去其擁腫以其嫵媚閒架安逸倘一段意焉黃鶴樓諸錦勒可見一斑荊州任內手績最為留且多上石北如白雲樓記大府倘曾招畫鶴樓張仙祠歷事見此擁擠不思去並為衍杯

漢陽風流諸詞數篇名貴門庭外胡某有名詞也

武昌又一梓人

省垣青龍巷有華古齋刻字店其主人張蘭臣

漢陽人也雖劉味字[illegible]人勒石廟宇碑版私家墓

誌及書[illegible]閣子磨專長精刻書

籍而碑版[illegible]校對時火輪[illegible]篆隸具有書卷氣

故能應由書賈後重過青龍巷則華古齋布招已收矣

節孝堪欽

胞妹纔笄適童家畈吳姓吾於丁卯夏避寇往每日落則徘徊塘畔見面塘而居者有綽楔金碧輝煌上題節孝堪欽其兩旁欵識未及細閱也踰年妹歸寧絮譚及則謂此褊係四十二門吳姓共送其女七叔者詢何謂女七叔則同族某兄弟凡八人其第七者幼與黃五百之妹結姻七叔年十八未婚病殁黃五百之妹於未滿七時同一丐婦逕造吳姓在途着藍布衣裙將到童家畈則縞素推見登堂撫柩大哭族中因其為七叔守節而來七叔死故仍以稱七叔者呼之方女七叔之來歸也其兄五百與菊友丈同赶至詰以不應擅來吳姓且謂其年尚輕倘晚節不保不許再返黃門女七叔則誓以終身請勿過慮時堂上翁姑聞之皆驚喜當為收拾一房新製床帳什物而黃粧奩則於七叔病逝之初即已焚毁也黃入吳室長齋供佛早晚唸經不絕直至五十歲闔族送此褊後始端坐而逝在時冰清玉潔事翁姑以孝故褊文如上吾妹適吳姓時黃猶在極講禮法年節合拜不飲人茶臨終前預囑不准用僧道唯倩女齋友唸經至臨殁之日無風晴天忽有青雲籠罩空際面色如生僉謂節孝所感云

張姓隱德

辛亥春奉上憲檄赴泰州調解商會與學堂爭執事歸途在船詢前任州牧張曾叔大澮政績適舟子即湖漂嘴張姓謂吾家康卿以上凡十六代名字未入公門別事不問而知吾謂名字未入公門必係指詞訟事件而言其他如請祀鄉賢請旌表節孝脩縣志辦善舉名雖入公門心非為私事即入何妨且康卿大以上如維滄公曾官廣濟縣學訓導訓導公生以謨嘉慶戊辰進士見曾文正文集既為官亦未有不與官接者然則所謂十六代名未入公門仍指居家詞訟而言吾乙丑因辦育嬰事坐民船由鎮過湖漂嘴艤舟見張姓人便詢之亦答如泰州舟子所云

張裕釗

張裕釗字廉卿武昌人少時塾師授以制舉業意不樂家獨有南豐集時時竊讀之咸豐元年舉人考授內閣中書曾國藩閱卷賞其文既來見曰子豈嘗習子固文耶裕釗私自喜已而國藩益告以文事利病及唐宋以來家法學乃大進寢前此所為猶凡近馬遷班固相如揚雄之書無一日不誦習又精八法由魏晉六朝以上窺漢隸臨池之勤亦未嘗一日輟國藩既成大功出其門者多通顯裕釗相從數十年獨以治文為事國藩既為文義法取桐城益閎以漢賦之氣體尤善裕釗文嘗言吾門人可期有成者惟張吳二生謂裕釗及吳汝綸也裕釗文字淵懿歷主江寧湖北直隸陝西各書院成就後學甚衆嘗言文以意為主而辭欲能副其意氣欲能舉其辭譬之車然意為之御辭為之載而氣則所以行也欲學古人之文其始在因聲以求氣得其氣則意與辭往往因之而益顯而法不外是矣世以為知言著濂亭文集

漢陽

漢陽縣治

與渭南文集入蜀記語及漢陽設縣治在唐沔州，治漢陽縣。故李太白沔州泛城南郎官湖詩序云：白遷於夜郎，遇故人尚書郎張謂出使夏口，沔州牧杜公、漢陽令王公觴於江城之南湖。其後沔州廢，漢陽以縣隸鄂州。周世宗平淮南，得其地，復以為軍。太白詩云：誰道此水廣，狹如一匹練。江夏黃鶴樓，青山漢陽樹。大語猶可聞，故人難可見。形容最妙。黃魯直宿江夏和睡起漢陽城，亦此意。老杜有不安送李晉肅入蜀，余下沔鄂，及登舟將適漢陽詩，而竟不果，此可恨。比漢陽負山帶江，其南小山有僧寺者，大別山也。又有小別，謂之二別云。

按三國六朝時之江夏古城及梁代廢城，或在大別山上，或在大別山下，均不可考。就右錄放翁入蜀記觀之，可知今之漢陽知設治及有城原始，故節錄如右。

山川

漢陽之山以在縣治十五里内者爲詳撮要記其名称与距城道里，此在百里内者皆記之用意源流。

大别山即魯山，又称翼際山，在城北一里。禹貢導嶓冢至於荆山，内方至於大别。蔡注：左傳吴与楚之戰，濟漢而陳，自小别至于大别。杜氏注：大别山在漢陽縣東北里許，乃江漢合流处，山若巨鰲蹬浮水上，睛川閣踞其首，方二三里，踞其背登眺之，江漢之勝盡收其數。禹貢内方至大别，左傳吴伐鄖，楚子濟漢而陣，自小别至大别，即此处，必相近山上。旁有城，乃三国吴江夏太守陸渙所治漢陽府治。

鳳棲山　刘仔圖記曰：古有鳳凰棲於此，故名。位在漢陽府治後。

梅子山　北臨月湖　在縣治西四里　因其山向多梅故名

黑山　漢鎮南山岸居民每來采石於此　在縣治西五里

紫霞山　在縣治西六里

女郎山　古志謂楚襄王会神女於此　在縣治西十里

漢南山　明洪武二十二年十月楚昭王射虎於此　地在漢水之南　故名　距縣治西十里

又有磨旗山鍋底山磨盤湯荊观藥石馬蹄山均在城西十五里焉

洗馬口　漢陽府志云洗馬口在郡東一里臨江昔傳蜀漢關羽破于禁時嘗洗馬於此又郡有藏馬洞即關羽洞也在大別山左其洞有一巖穴三國時關羽嘗憩此故名

梅子山　楚天極旅話謂漢陽諸山多勝以此為第一以其淡遠勝今為西人別墅

大別山 今歷史地理家多主大別在江夏即今武漢即杜預說也胡渭江永等古地學家亦以中杜義故以之爲主其有主在安豐者則唐人說所古義與今日之定案相反從前所繪

按民國夏口縣志藝文志夏口縣舊日魯肅祠墓在大別山名大別爲魯山而漢陽縣志先振著小說便覽於學嶓冢在荊州同至

方大別山等所注論嶓冢在梁州北山形如冢剎山若同漳源西北內方在偕解按西旅大別則曰一名魯山是讀史與沿從其皆以大別爲魯山也

湖　漢陽各境湖名甚多，茲擇附郭最著者

郎官湖　在城西南，與學泮池相通，李太白泛舟處

月湖　在大別山陰，東近大江，北連漢水，或謂雨與柳月城相近得名。同治縣志：月湖有園，榜附改云：月湖以月不減西湖，桃花楊柳近還相相扶，水光山色匹儷同鋪，最為景色風香騰隱。据此，可見月湖風景矣

右郎官、月湖皆附郭

太子湖　傳梁昭明太子食采於此故又曰昭明湖

太白湖　舊志李白謫居於此游人因以名湖

新灘湖　曾載敬翁大別記

刀環湖　寰宇記湖形彎曲如刀環故名

雜湖　花石湖吳照錄所謂百里荒落水涸之諸湖也

以上各湖距郡治甚遠略舉其名不止此也

江水　元和郡國志云大江水南自復州沔陽縣界流入漢陽縣界
一統志云江水自東江嘴入府境歷新灘口大江口大小軍山過沌口
至府城東經大別山合漢江　周書樵云

漢水　一名沔水在縣治北三里上自漢川縣東南流至滙口入縣界

沌水　在縣治西南三十里舊志云漢水別出三汊滙太白湖至於沌口南入江

灄水　在縣北四十里　自黄陂入漢陽縣与淪溳二水合流南入於江　水經注　灄水上承涓水於安陸縣東逕灄陽入於江

溳水　元和郡縣志　安陸縣溳水西北自隨縣流入注於灄　今在漢陽縣西北　溳水在縣西北一百里

淪水　在府治北三十里　即淪河也　同治縣志引黄梨洲今水經注　以淪溳二水在漢陽合灄水入江

以上諸水皆在縣治内載名賦始較能考也

漢陽縣三城门

朝宗門　在城東

南紀门　在城南

鳳山门 在城西

按城上六守望樓

按樓或稱爲閣此鐵门月湖拱北振江武勝記

皆扼要地与城犄角又各踞城東西南三面也

鐵門樓

月湖樓

拱北樓

朝宗樓

榜眼坊

在漢陽縣學宮址西榜眼爲蕭漢沖治官至侍郎
當江陵公籍沒時當日受恩者多避嫌不一言獨漢沖
力爭於廷獨陳狀居正非奸尤不當辱其老母弱子許文穆
公極賞許之並擬以昌言於廷按蕭與江陵不過年家子耳
是科第八人爲江陵之子懋修其同榜則爲萬曆八年

熊伯龍故宅

在漢陽縣城南紀門內原宅後改爲書院由其孫名祖締(?)牡(?)於雍正三年捐讓於公爲院址知府閻氏鈉(?)欽(?)修顔不忘其始特於院內東偏立[illegible][illegible]堂以奉祀學士匡(?)前學政故所必詣祭焉

義

歸元寺爲王章甫故址

王章甫名稼，漢陽人，官郡丞，工詩，闢葵園於西門外二里。
當時公安袁氏昆仲道訪陽時嘗主其家。園中有奇
石，編遂珠綸，題曰翠微峯。旁有井，曰翠微井。故地
今爲歸元寺焉。

歸元寺　清初創

順治十五年，云川高僧白光、主峯昆弟游楚，即募
詩園地即𧂐葵園爲寺。至光緒十五年，上人恩普復募於京，
奏准，軍門刻祗拜觀察等大靜乞得全藏經一千五百二

丈老其間繇之周瑞恩曾撰記備考

歸元寺　在縣城西二里順治初僧白光就王章甫之葵園故地建禪關寂靜戒律精嚴咸豐初太平軍據漢陽縣蕩為平地今仍修葺復舊見漢陽縣志

按此寺成後與民廿六年吳興內有五百羅漢等均存應為本地佛教一叢林與寶通寺並稱名刹

續輯漢陽縣志歸元寺在城西二里順治初僧白光即王章甫葵園故地建禪關寂靜戒律精嚴咸豐初毀於逆匪全邑蕩為平地今仍修葺復舊

禹王宫　在大别山上同治二年由大寺庵廢址改造又同時建有祖師殿在禹宫之右又有桂香殿今皆燬

鳳棲寺　在城西五里宋建舊有韓忠獻趙清獻蘇文忠諸公題詠歌詩等石刻元末兵燬明嘉靖間重修崇正末又燬

月湖

府志月湖在縣志大別山之陰東以長堤限江西通漢水古有郤月城在漢口左武昌以此得名縣志云月湖以與郤月城相近得名湖間有堤三曰袁湖堤曰楊柳堤曰三搁石堤

桃花夫人廟

熊雨渠東坡集伯牙台有桃花夫人廟今已廢在熊家前有夷堅志丁志卷十三云漢陽士人蕭秀才晚歸步至此廟池側柴逢不偶見夫人從水濱來曰東家姚氏女相慕來就蕭生與携手未兩月言脈許字已張盟誓之且以告蕭服針串紅縷使密綻衣裾上蕭生出同其弟聞曰一新桃花廟塑土見塑仙女紅絲綴裾以刀剔去且碎其塑怪不復出王葆志此桃花廟即桃花夫人廟並錄之以俟考之洗馬洞江岸馬洞外尚有桃花洞烏山下有桃花夫人廟

竹枝詞有月湖堤上摘夜開游女都從漢口來謾上翠華參後日看息夫
人廟伯牙臺 惟桃花洞息夫人廟先有寺以奉伍公雜其實祠屋旋廢
乎數侵佔桃花洞在府城北上有桃花夫人祠此云漢陽府古寺歟
按續輯漢陽縣志桃花夫人祠在月湖堤崇福寺側今廢

續輯漢陽縣志古蹟 桃花洞 在大別山下有桃花夫人祠即息夫人
左傳蔡哀侯爲莘故繩息嬀以語楚子楚子如息以食入享遂滅息
以息嬀歸生堵敖及成王焉未言楚子問之對曰吾一婦人而事二夫弗能
死其又奚言楚子以蔡侯滅息遂伐蔡秋七月楚入蔡
列女傳楚伐息破之虜其君使守門將妻其夫人而納之于宮楚王出遊
夫人遂出見息君謂之曰人生要一死而已何至自苦生離於地上豈如死歸
於地下哉乃作詩曰穀則異室死則同穴謂予不信有如皦日息君止之
不聽遂自殺息君亦自殺楚王賢其守節有義乃以諸侯之禮合而葬之
君子謂夫人說於行義故序之以於詩 又漢陽縣志古蹟桃花夫人祠
在月湖堤崇福寺側今廢

古蹟

三鎮古蹟武陽較多夏口最少略識一二於左

郤月城　荆州記云沔口北岸臨江水有郤月城魏黃祖所守吳遣董襲淩統攻而擒之其城遂廢又劉澄之山記云沔口北岸臨江水有郤月城

楚寶云漢口市即古郤月城也　見大別山篇

晴川閣

光緒中張文襄督鄂游讌於此，爲漢陽名勝冠。全舉康守郡年修，今益崇樓，大地形勝，倚埶遥對青春鸚鵡，樓台勝已廢，閣已夷，原址幸存。

續輯漢陽縣志古蹟類：晴川閣，在大別山下。明知府范之箴建，程全近其役，姚宏謨爲之記，詳藝文。萬曆時知府馬御屏重修。順治九年御史聶玠、知府王泰交，雍正五年知府柳國勳，道光以下郎次修葺。咸豐五年燬於兵。同治三年郡守鍾謙鈞重建，有序記，亦詳藝文。又于鐵門關內造屋三間爲閣，僧香火資，即論執[illegible]存數百年云云。

放翁入蜀記云：離鄂州，便風掛帆，沿鸚鵡洲南行。自此以南爲漢水[illegible]所[illegible]。洲上有茂林神祠，遠望如小山。洲蓋禰正平被殺處，故太白詩云「至今芳洲上，蘭蕙不敢生」。梁王僧辯書邵陵王綸，軍至鸚鵡洲，即此地也。[illegible]

鸚鵡洲

宋時爲南市之城，由鸚鵡洲下至漢陽南紀門，前漢陽縣志[illegible]

南紀門外江中有洲，上多蘆荻，家舟聚[illegible]兩岸[illegible]局主[illegible]

崔顥所賦漢市上之鸚鵡洲近在南紀之盛已非為未之見也　按清末劉
此洲今為木牌商聚行屯木之地今為繁盛如昔行收金錢往
洲在漢陽西南二里大江中　同治漢陽縣志云　鸚鵡洲禰衡昔
賦鸚鵡處有禰衡墓並祠

禰衡墓

余犖康守漢陽府於鸚鵡洲禰處士墓新加封樹鐫志石并搆留芝人曹仲惺四韻搜而為太守秉筆并志之梁鼎芬廉訪旋墓側建正平小學堂一所同資紀念 黃祖為江夏太守殺衡於此因葬之以衡嘗為鸚鵡賦故以名洲按時之江夏郡治安陸不但為漢陽也 林之宝禰衡嘗為太守黃祖鸚鵡賦攬筆而作文無加點辭采甚麗後祖殺之葬於此洲故名或云即殺于洲上

魯肅墓

亦余犖康加修之在漢陽府鳳山門左近不數武先此二十六年在任時指背

夏口志云魯肅祠墓在大別

同治夏漢陽縣志古蹟無魯肅墓在魯山下咸豐年間燬於冠前郡守如山諸人同治年華人汪家詳而刻石指此是係魯肅墓者余犖康之說又有如山也如山字冠九

歷任名省知府其名時見紀載工書隸名翰林也

又有魯肅墓見漢陽志　又續漢陽縣志魯肅墓在

魯山下咸豐七年内毀於寇亂前郡守如山據傳同治六年邑人汪家政重

為立石

伯牙臺

台前為重陽寺廢址在宋時已有之府志在大別山尾

前志名碎琴山鳳凰汊學間有詩道光中宋湘有題壁

刻石今存嘉慶初畢沅督部曾屬汪中撰銘是時

文隸最盛汪銘刻在碑陰後一宋又有楊守敬書

續輯漢陽縣志云伯牙臺一名琴臺一名碎琴山在大別山尾相傳鍾

子期聽琴於此又縣治西五十里馬鞍山集賢村相傳是鍾子期故居　古蹟

郎官湖

清初湖從同漢廢李明初時湖極洞可從舟城內水匯於

湖自水門出江後淪民居土[illegible]廢湖春遊已作止漪亭

李藻序偏漢陽府内郎官之湖不朽注一一一　任府城李白

遷夜郎過漢陽之湖上與太守宴為我標以佳名俾之

不朽白辛酒醉小題曰一一一

劉琦墓

續漢陽志 在魯山 水經注魯山上有劉琦墓 按琦為劉表子 表為孫權將擒其後琦移治於魯山上 其墓亦在此 或即殁於治所歟

牛僧孺妻墓

續漢陽志云 唐牛僧孺夫人杜氏墓在縣西三里 舊志牛僧孺鎮鄂 附葬其妻於此 今遺有石器尚廢

鍾子期墓　漢陽府識云距城五十里蔡陰山一名馬鞍山有集賢村村西爲子期故里今山西有鍾子期墓並有碑碣在焉

漢陽圖經卷

藝文類

鸚鵡賦并序

山海經曰黃山有鳥其狀如鴞青羽赤喙人舌能言名鸚鵡也注曰舌似小兒舌腳指前後各兩鵡一作䳇莫口切

禰衡

范曄後漢書曰禰衡字正平平原人也少有才辯而尚氣剛傲好矯時慢物曹操欲見之不肯往操懷忿而以才名不欲殺之送劉表後復侮慢於表表不能容以江夏太守黃祖性急故送衡與之祖長子射為章陵太守尤善於衡射大會賓客人有獻鸚鵡者射舉卮於衡曰願先生賦之衡攬筆而作辭采甚麗後黃祖殺之時年二十六

時黃祖太子射并賓客大會有獻鸚鵡者舉酒於衡前曰禰處士處士劉向風俗通曰處士者隱居放言也今日無用娛賓竊以此鳥自遠而至明惠聰善羽族之可貴願先生為之賦使四坐咸共榮觀

不奇乎衡因爲賦之文不加点其辭曰　惟西域之靈鳥兮
挺自然之奇姿体金精之妙質兮合火德之明煇性辯
惠而能言兮才聰明以識機故其嬉遊高峻栖跱幽深飛
不妄集翔必擇林紺趾丹觜綠衣翠衿采采之麗容咬咬
好音雖同族於羽毛固殊智而異心配鸞皇而等美焉
比德於衆禽於是羡芳聲之遠暢偉靈表之可嘉命虞人
於隴底詔伯益於流沙跨崑崙而播弋冠雲霓而張羅雖
綱維之備設終一目之所加且其容止閑暇守植安停相志如迫之
不懼撫之不驚寧順從以遠害不違忤以喪生故獻全者受賞
而傷肌者被刑爾迺歸窮委命離群喪侶毛詩序曰君子全身遠害
閉以雕籠翦其翅羽流飄萬里崎嶇重阻踰岷

越障載罹寒暑女辭家而適人臣出身而事主彼賢哲之
逢患猶棲遲以羈旅矧禽鳥之微物能馴擾以安處眷西
路而長懷望故鄉而延佇忖陋體之腥臊亦何勞於鼎
俎（國語曰舅犯對晉侯曰偃之肉腥臊將焉用之 腥臊臭也）嗟祿命之衰薄奚遭時之險
巇豈言語以階亂將不密以致危（臣不密則失身 孔子繫辭）痛母子之永
隔哀伉儷之生離匪餘年之足惜愍眾雛之無知背蠻夷
之下國侍君子之光儀懼名實之不副恥才能之無奇懷代越
之悠思（代馬越鳥）故每言而稱斯若乃少昊司辰蓐收整轡
嚴霜初降涼風蕭瑟長吟遠慕哀鳴感類音聲悽以
激揚容貌慘以顦顇聞之者悲傷見之者隕涕放臣為之屢
歎棄妻為之歔欷感平生之游處若壎篪之相須（毛萇曰壎篪相應）
（日篪虎）何今日之兩絕若胡越之異區順籠檻以俯仰闚戶

牖以踟躕想崑山之高嶽思鄧林之扶疏顧六翮之殘毀
雖奮迅其焉如心懷歸而弗果徒怨毒於一隅苟竭心於所
事敢背惠而忘初託輕鄙之微命委陋賤之薄軀期
守死以報德甘盡辭以效愚恃隆恩於既往庶彌久而
不渝

漢陽魏氏遺書發現

漢陽魏氏晉封，字賁庭，一號容隱，明崇禎年人，爲吳梅村爲主考時所得士。既上公車，見天下大亂，遂返漢陽，與熊次侯先後爲論闖賊檄、敵僞檄，露藏賊中。著作中記及西游集二書，皆言賊中事也。書久佚，余審證作附録漢口於保安會館上破字簏中搜獲，以示吳國手藹志。記志乘僅載其人與二書名，顧未見其書也。大抵去遂望余以書，遂舉以畀之。藹志爲挫漢陽李以篤所作魏晉封墓誌，及晉封之父所撰長子歸諭，夫收同刊以行，保晉封之書以存民

於夫人歿百日即殉其廬側者也漢陽周貞亮與金震濂
又各題詩於集首周之詩別錄於藝文類

漢陽五家詩選十四卷　清吳仕潮輯

仕潮字小韓，漢陽人。

五家者：一李以篤，字雲田；一王戩，字孟穀；一彭心錦，字慕庭；一文師伋，字賓日；一汪穎，字勝遺，漁也，皆清初人。潮於康熙（以）篤之醉白堂集選詩二百餘首，戩之冥冥閣詩四百餘首，心錦之雲中草堂選存詩三百餘首，師伋之紡山草堂集詩詩百首，穎之東侍草堂集選詩二百首，合爲十四卷，乾隆丙寅刻。自有序，嘉慶丙子其子棟重刻。　按：范氏《漢口叢談》：吳仕潮

字翰若，漢口人，原籍歙縣，工詩，尤長（于）五言，性好究兩周秦漢碑云云

姓名著同，外號和籍貫異，蓋由流寓占籍而不一其字者也

清末漢陽名書家

關季華棠　謝嘉復園　鳳藻　李廷亭鳳亭　吳俊山

傳棠　皆漢陽人　關字顏肥柳骨自成一家工力極深

凡湖北叢書各卷題籤知其根心謝初學閣後學沉

子語晚年好篆碑版一師一家名有字名李吳皆學

授節蕤同仕豫章腳能書版中日極深滄沉也

李隱塵同後工書而於碑版大軸則推復園為之冠

見其經鳳亭晚年所寫碑曾對聯用雙楷中之健將

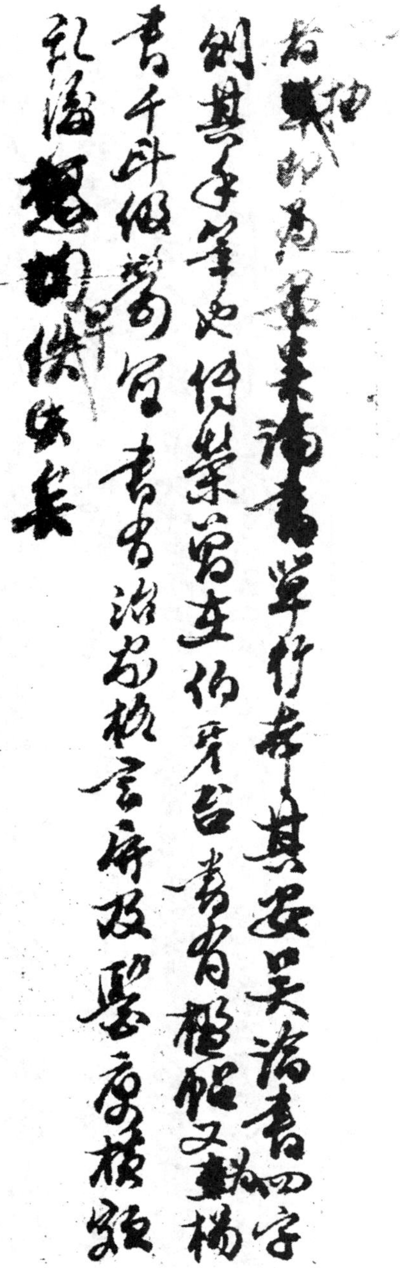

漢江樓記 海忠集

汪炎發

城垣之有堂樓，所以備偵候，杜窺伺，非為遊觀。昔漢陽舊有守望之樓六，其鐵門、月湖、拱北三處，名擬險要，與城為犄角。餘三樓據城東西南三面，惟朝宗門俯瞰漢江，為水陸通衢。其堂樓燬於兵燹，雖於修復，而雄壯勝前，不足感遠人息覬覦。方今流寇悉復，商旅輻輳，而廣求番舶之叩關者，亦以互市既開，置榷場於漢，極九州之遠、四海之表，莫不各有合市人士，明向諜累窺，尤易潛蹤，非峻其城垣，高其堂樓，俾陸讋水慄，卒有風塵之警，何以待之？郡伯演南嚴公，防邊候警中林公瑞枝深慮及此建議重修得請於大府培翔宗以城基數丈而城之加築視之建此樓二層於上顧以臨江其高不知矣斯樓落成登高四望見夫漢水西來大江東去數千里形勝指顧可得而風帆沙鳥山川雲物錯供游覽以與民同樂此六得[illegible]於公餘之暇高瞻遠矚則斯樓雖雄踞江皋藩籬會同行見遠東屏書當而氣阻不敢輕議中國而我卒敢勇過出江漢北六皆遠蹤順軌無人敢窺閱而詳所杨楼禁不在斯樓欲表第曰標名勝壯觀瞻君知建是樓之意在彼不在此

一筆書大鶴字

跋者黃翼升字徑數尺僅一筆寫成取與鶴字
相類也黃翼升字昌岐健捷王麟而豪者水師提督鄂
樓所常刻蓋留此紀念耳與一筆書大虎字異同
刻石置樓中今似在禹碑亭下也

禹碑亭石

岣嶁碑係摹刻下有跋識紀其出處與摹
滌文題詩及序於記
年月按武昌名勝處多有不贅也旁有禍福大
門一碑字大甚書文昌帝諭為蒙惡善者居百
百折先人之守此謹並壽更延斯左側草書虎字也
此亭不知何時所建大約因有岣嶁碑特建耳原題鐵等
一百家堡士所振

古文治聯　夢樓自為跋係從錢氏樹壽藏故有綠服兩院理

近日夢樓書多由翻刻印每失真因此聯字行倍不其筆

法宜臨拓亦即為遊人路去也

官文横披　富貴壽考四字頗近唐隸下款摹隋按文無以

隸拓摹其附書錄以上在北

列仙樓詩帖　横額原石嵌在古胡祠外壁上今仍在呂祖閣側

係遊衍樓詩古近體均備詩古體孝李祥子杜

學諸才情再去其格字尤媚可采遊宦為史尚見珍藏不以人廢也

郭司阝聯　郭聯署汾陽太尉郭令公遠裔林惜此文恐是無

畫福壽而老人星以壽齒並拓本在此

詩屏帖　天此江山如此心一樓都時古稱今神仙蹤跡今安在

一番功名雙下瞿

金石　漢陽在漢水南岸設治甚久金石例載歷年所記史蹟蒐訪所編所獲較多

禹碑　峋嶁峰本刻岳麓後人與鶴樓縮本並峙武漢與禹名實相符以禹治水所至也康熙中武進毛子霞郎中自南嶽峋嶁峰拓出子霞名会建流寓也汗陽縣志古蹟禹碑本在南嶽峋嶁峰山上毘陵毛會建子霞搨摹刻於大別山禹廟前

吳王廟碑　廟祀吳大帝吳皇家有碑已佚唐姜林之寫照以上石姜用筆乾燥故有乾姜之稱梨氏山房有詩云酹乾姜一片碑即此碑在城西林之公白王家二碑

刺史胡奮碑　此晉石刻也奮爲晉征南將軍荆州
史大別山上有吳江夏太守陸渙所治城城中有胡奮碑
郡人思其忠貞立碑以祀云

秋興亭碑　唐賈至撰在城鳳棲山湖北金石志有全文
又作賈載
按楚寶卷三十九周圣楷秋興亭按語在鳳棲山顛其東有雙松亭又
有清光亭在郎官湖有林波亭在吳王礮大禹廟側又有漂月
亭有煙波亭皆登臨勝地今遊人止知有晴川閣以梅花酒餐
續輯漢陽縣志云秋興亭在鳳棲山顛唐刺史賈載建中書舍人賈至記
之詳見藝文门宋元祐初知軍吳處厚重修明景泰中以杜甫秋興八首及唐
宋名賢題詠刻於石後爲雷所碎

琴台館

流水高山相望終古

重修伯牙臺記

漢陽 汪英發 簡庵

見海叢殘集 卷二

臺名伯牙以高士遺踪也遺踪紀而不得其人以主之奈辱高奇初紅巾之亂臺燬於兵洎江漢肅清議重修時適歲歉平公私困乏隨宜補苴規制既遜王之復不得人每瞰人士概想知音嗟旨來遊者閣望方柄翻思不久遂有光緒十九年之事非有當仲連北宋嶽暇清風之福夫當此中外通商互市在漢遠者聚而莫不登臺眺以觀上國之光近海疆多事初撤移民征集

成都道出漢津，亦莫不留古蹟集以抒其去國懷鄉之感，使仰以若紫之蓋之去思無以特遠人越生睢盱之嫌。邑尊李廣侯非之深於張敬亭學正式廓其規模而新以丹碧，延都人士之賢於斯列，雅雲之端亮，張雅孫之英特，許元圃、賀卣香之緯達，若咸皆氏涕泣台中之事，一以相與議於是，不顧邑侯之然清人夫清人與夫倫乎事之成敗如此，此有識之士所為撫膺太息，以為時會艱難，有能如邑侯之能得人者乎，天下無事矣，而豈惟一台也然哉。

漢陽遊擊李信傳

見海[illegible][illegible]集卷一

漢陽 汪炎發 簡庵

咸豐壬子冬，髮逆乘巴陵之潰，遂犯長江，漢陽首被寇。時郡兵調赴竹山，留守備空虛。遊擊朱公信，郡守董公振鐸，募市人乘城截留河南援兵數百，塑大別山為外援。時承平久，人不知兵，聞賊股衆，賊至，首犯大別山，援師之潰，守城兵亦逃。賊蟻附上城，遂陷。董公赴井死。公知事不可為，策馬巷戰，手大刀，騎劍如飛，當者輒仆，從賊股中殺賊甚衆。群萃洞馬腹，公以短兵接，氣不屈，殺賊無算，衆寡不敵，遂遇害。公直隸人，以武進士釋天下，援侍衛出任漢陽遊擊。躬提精悍，武藝絕倫。方閉城時，土寇蜂起，西關外質庫被劫

君極力往援門已築城外民居踞城敵二丈公耀登民屋乘以下手殺敵人
復躍而登城以兵力單弱力戰死可謂不負科名矣
汪炎發曰同治初元任游擊升副將駐吾邑者爲於公鳳標嚴傑持卒
以身先之賊諜渠魁滿進至林北禽斬無算又官文恭公督武昌親
虎之士如林當時賊豈能躪楚武備李公過非其所以承平歲久文恬
武嬉忽而召募安得不敗嗟乎以一人之勇思捍大敵何益哉古人有
言兵可百年不用不可一日不備有以也夫

海蠡集序

李壽蓉

余居湘門時識黃海華都尉及官京師又識葉潤臣閣讀兩君皆漢陽人所稱有名者也若也自茲而來同見稍臨比疇主經心書院講席院中高材生不乏漢陽人有丁生李棠持其外舅汪簡庵先生海蠡集見貽余披讀一過文多典贍儀論致力於古非深蓋績學之士高居山林未出者也登龜山望晴川覺雲樹蒼茫中其中正大有人在

光緒壬午中和節長沙李壽蓉

宋芷灣湘琴台石刻詩跋

姚有寬芸陵

曩宋芷灣觀察登琴台賦詩，束竹葉蘸墨書於壁，予既得縱觀，不止坐臥三日。歲久漸患剝蝕，胡丈善培購工摹藏。洎予自原州察湖帥，先仲父已拓建斯臺，爲陶文毅公蒞年御書印心石屋額，因以芷灣觀察翰花者英久存，恩遇從胡丈旬所藏附刻臺側，益增雲烟星輝之盛云。道光丙午仲夏識并書

漢上琴臺之銘 并序 代

此文係代湖廣總督畢沅作見

汪中

自漢陽北出二里有阜焉其廣十畝東對大别左帶漢水右隄亘其前月湖周其外方志以爲伯牙鼓鍾期聽之蓋在此云居人築館其上名之曰琴臺通津直道來亡近郊層軒累榭迴出塵表上多平曠林木翳然水至清淺魚藻交映可以樓遲可以眺望奇以旅遊無尋幽陟遠之勞靡登高臨深之懼懿彼

一卯冥具三美桃花（華滌）流水秋月春風都人冶遊曾無暇日
夫以夔襄之技逼雪之交一揮五弦爰檀千古深山藏谷
之中廣厦細旃之上果睢所寄莫事刻舟勝地寓心
諒符之貴余大好雅琴捐牽操縵自幸備於久忘在御
彌節夏口假館漢皋峴首同感桑下是戀於以濯足
滄浪息陰喬木聽漁父之鼓枻思游女之解佩亦足高詠
塵緣希風往哲何必撫弦動曲乃稱我懷銘曰
究彼崇卯於漢之陰二子來遊爰迄於今廣川人靜孤館天
沉微風永夜虛籟生林泠泠水際時訊遺音三歎應節以彼
賞心朱弦已絕空桑誰撫海懷乘月巖思迎雨邈矣高臺
巋然一隅林野探角音倘懷吾土白雪飛歌湘靈停鼓

桓不忘在莒，即他日生聚教訓，富庶甲於郡縣，俯仰登於崇
殿，以豐衍蕃昌爲可樂，而時以戈鋋鋒鏑遁屠掠奔竄
之收休焉，以樓於前而陸於後，則安不忘危，是郡其永之
有金湯盤石之固也已。太守曰：吾子之言切矣深矣。被往
衎山川，佳景物，猶昔日之閣，非此日之閣也。遂書之爲記。

重脩晴川閣記

明　姚宏謨

沔口重鎮，北環荆郡以十計，而漢陽要環漢而峙以百計，而大別寺歷大別而廟，北禹王肘禹王而閣，北晴川雄據上游，実与會城坐江落樓相表裏。異時創，北容有石畫焉，歲多而圮，久不葺，修葺郡典大缺。寅歲壬申，中丞汝南趙公、侍御江右舒公繼至，剔振方及百廢俱興。明年，上初頒元丙乙宣德意，采民風，輶車周覽，殆遍湖湘間矣。暇則相與登黃鶴之樓，吟白雲之什，遥望閣圮，輒爲嗟嘆。爰命下執事閣之。含材有大豪，犯法貲入縣官田，第雲構命撤而新之。事太守新安程侯肩其任，不費於帑，不煩民力三閱月成飛甍綺疏層軒曲楯寥敞騫峙蓋三楚巨麗之觀也程侯以芊陸宮美徵記以詒來兹予文陵樗居討論室寤寐其間尋撫鉛槧陸沉史局無因入楚以餙眺聽古今等物同異未盡例名零陵領湖南郡嘗時以戢事走金同州府倉卒俟來旋往朋武昌之勝亦莫得而遂其觀游焉已奉命督全楚學幕府此守宦蓋三年所歷之之樹萋萋之洲凡諸景物攬擷殆盡不來發陵詩遂赫赫若前日事豈非快哉若乃盼矚城闉襟帶江漢左嚮家右洞庭雲夢滄浪沅湘匯焉引秦梁枕吳蜀江黃祁郢羅馬倚騎別鸚鵡出沒於鶚端黃鶴回翔於欄楯而金沙南浦倚錯於潛灘濱濟之間旅客遊人穀擊肩

晴川閣記

摩其巔其行若流其渡其網而漁其若在几席之下神覽則下臨
日月俯摘星辰南眺衡嶽北盼匡廬俯仰赤壁上下天门
浮光躍金人家漁舍練信生平大觀也方其風雨晦冥八極混合
波濤洶湧而江水立魚龍浦之舞而帆檣摧殘人魂悸魄動
長戢太息悼風波於世路思道岸之先登也与瀼雲收晴
景出兀崇現化節幽思於大園托冥契於元穹此身若与
煙波相吐納而不復問其御風之何在也嗟夫江上眺則信
美矣乃兩岸曉曉於茲閣也獨逸意乎夫輔車相依則經落
之勢固桑土預設則折衝之謀遠漢之為郡以金楚之何
啻彈丸然金城非漢則鼎所依府蔽孤矣翊林之因多窺寇
之生也恒起自洞庭於鼓角連艘飽帆邏其睥睨莫敢誰何

一出九江九曲縱路没蹤跡不可究詰矣焉識輔患其從洞庭來也鵠磯則一隘也自兹閣重建若增高於山濟深於川金湯之勝於是在目華閣相峙重閣並翠崎函百二應是擬其雄也即有宦臣西來桓桓之臣倚飛樓憑欄閣談笑樽俎可使微卒截流坐殄孤鼠不即聲勢聯絡彼不足也崇不然飛渡已先褫魄奪氣敢揚帆東下如曩時哉今國運既盛江不揚波如河之方晴景物風媚無足慶矣交陰晴晦冥當之有朕之如赤子弄兵潢池令城所恃為屏藩輔其惟漢陽漢陽所恃以隘塞其惟河口則閣也謂若中流一壺非歟兩公重建意蓋在此若夫亭榭縱觀遊與子墨客卿流連風賦詩而已則非兩公長慮卻顧同心共濟本懷也兩公宏

晴川閣記三

美獨草堂一節已刻其可以存記又散以不文辭是閣之始創於何時前守范侯之歲若干年而廢廢若干年而兩公命守程侯再興之規制視舊宏麗焉嘉慶十二七云

重修晴川閣序

王柏心

漢陽郡東郭外舊有閣曰晴川見於名流題詠久矣咸豐二年粵逆陷岳州水陸並下武昌漢陽專守郡誠爲得計賊遂突據之閣亦旋燬至六年官秉峰接相攻安州之勝進圍其郡大破賊於漢陽始克九載矣民稍稍復業郡人士以爲茲閣當還其舊請於鍾雲卿太守集資重修既落成太守屬柏心爲之序茲閣異時大別之林麓江漢環其下遠覽練導餘烈神

禹之功德遠矣。地扼南北要衝，與岳陽互爲門戶，自昔戰所
必爭。孫仲謀、梁武帝以及宋元之際，攻取屢集，畧可概見。乃
若咸豐間，髮逆崛起，雄踞之郡，要之倉糧，幽轄日肆其吞噬，剽屠
害我邦閭，燔我閭閻，凡赤子罹慘，鋒刃陷侵，擄掠不可以數計。
當是時，白骨蔽於草莽，赤血漲於江右，方且旅拒我師，前後二載，
乃克之。嗟乎！自前代兵燹，未有烈於是者也。向非文忠壯猷，廓
清而推陷之，豈不長淪豺吻乎？以此知昔日不守，匪獨吾屏藩
之失策也。今雖鯨鯢殄矣，百堵作而商旅集矣，然蹤藏有未甚
平也，悲傷惻怛之懷，亦未遽息也。無亦惟是吏民上下，設之謀固
吾圍，圍乃吾有，晨修吾忠信，壯吾干城，御侮之氣，而滿除夫
修蕩淫靡之息，則是閣也，殆比於魯鼓氏留晉陽之壘，奇

大别方丈銘　蘇軾

閉目而視目之所見冥冥蒙蒙掩耳而聽耳之所聞隱隱
隆隆耳目雖廢見聞不斷以擾其中孰能開目而未
嘗視如鑑寫容孰能傾耳而未嘗聽如穴受風不視
而見不聽而聞根在塵空湛然虛明遍照十方地獄天空
蹈冒水火出入金石無往不通我觀大别三門之外大江方東
東西奔里千溪百谷為江所同我觀大别方丈之内一燈常
紅門閉不開光出於隙曄如長虹問何為然笑而不答寄之盲
聾但見龐然秀眉月面純漆點瞳我作銘詩相其木魚

與其鼓鐘

秋興亭記

唐　賈至

在陽而舒，在陰而慘，性之常也；履險而慄，涉夷而泰，情之變也。觀揖讓而退，覩戰而競，目之感也；聞韶濩而和，聆鄭衛而靡，耳之動也。夫其舒則怡，慘則悴，慄則止，泰則逸，退則无咎，競則有悔，和則安樂，靡則憂危，性情耳目，優劣若此，故君子慎居處，謹視聽焉。沔州刺史賈載，吾家之良也。理沔州未朞月而政和，于訟堂之西，因高構宇，不出庭戶，在雲霄矣。倚負大別之固，俯視滄海之浸，閱吳蜀樓船之殷，望荊衡藪澤之大，亦可以暢性滌懷，適耳虛目，向且處

動則德理德莫若靜處靜則收惟明以照動處形則變之
則通通則久今沔州君政府恬而神用爽政是以和觀其
前後縉紳向嗣之義簡也上棟下宇無雕琢之飾儉也簡
近於知儉近於仁仁知居之何陋之有況乎君最生之最則橫秀
木於高砌見翠鳥其下鳴矣處台榭之月則納清風於洞戶見君之
祖矣在樣若之時則俯顥之氣於軒檻見火之流矣值嚴凝之節則
棲同雲於扁闥見雪之紛矣政成經德修安心逸而詩人之興常
在四時之與秋與最高因以命亭焉于因巴丘徵赴宣邑顯安業樹
之側所前竹林之下嘉其俯仰美其動息乃命侍臣題之志之

故

郎官湖詩序　李白

白遇故人尚書郎張謂出使夏口沔州牧杜公漢陽宰
王公觴於江城之南湖樂天下之再平也方夜水月如練
清光可掇張公殊有勝槩四望超然乃顧白曰此湖古來
賢豪遊者非一而枉踐佳景寂寥無聞夫子可為我標
之嘉名以傳不朽白因舉酒酹水號之曰郎官湖亦由
鄭圃之有僕射陂也席上文士輔翼岑靜以為知言
乃命賦詩紀事刻石湖側將與大別山共相磨滅焉

伯牙臺聯　　畢沅

先生具移我情攬湖上清風尚留弦外餘音曲中天籟

此地適如人意訪漢陽春色恰有晴煙楊柳隔岸桃花

又聯　　前人

綠樹成陰芳艸成積登臨寓意得趣時耳

水仙一去樵子不來先生何以移我情乎

伯牙琴台聯　　熊香海

志在高山志在流水　一家有樵一家聽琴

宋 鄱陽 姜夔 堯章 白石

大別山

垂楊大別寺、春草郎官湖、家老有石友、合并不待呼、瘦藤倚花樹、花下藉玉壺、老郎談絕物、辛楊句數愉、平生子姚子、貌古心甚、何時邀野僧、談開與琴工、俱酒闌興未了、去好城南隅、大江圍林、豁目烟水入元虛、流落不自恨、惟嗟故人疎、一月三見夢、夢中相與娛、日日潮風起、悲坐設為魚、

湖北佐補從九 陳昂遠 秀甫

重九登魯山感懷

昂首長歌學楚狂、魯山今疊漢鐘陽、持萸慢下王維淚、獻菊愁稱李商隱、湘水無情何處所、黃花猶負為誰香、不如意事常八九、夢裡浮生太覺忙

鸚鵡洲送王九之江左　孟浩然

昔登江上黃鶴樓。遙愛江中鸚鵡洲。洲勢逶迤遶碧流。鴛鴦鸂鶒滿灘頭。灘頭日落沙磧長。金沙熠熠動飆光。舟人牽錦纜。浣女結羅裳。月明全見蘆花白。風起遙聞杜若香。君行采采莫相忘。

鸚鵡洲湖南會館聯

惟楚有材大厦於今要梁棟

因樹為屋江鄉無此好湖山

易順鼎

集成語

望鸚鵡洲懷禰衡　李白

魏武營八極，蟻視一禰衡。黃祖斗筲人，殺之受惡名。吳江賦鸚鵡，落筆超群英。鏘鏘振金玉，句句欲飛鳴。鷙鶚啄孤鳳，千春傷我情。五嶽起方寸，隱然詎可平。才高竟何施，寡識冒天刑。至今芳草上，蘭蕙不忍生。

鸚鵡洲　李白

鸚鵡來過吳江水，江上洲傳鸚鵡名。鸚鵡西飛隴上去，芳洲之樹何青青。煙開蘭葉香風暖，山岸夾桃花錦浪生。遷客此時徒極目，長江孤月為誰名。

鸚鵡洲　　劉長卿

汀洲無浪復無烟，楚客相思益渺然。漢口夕陽斜渡鳥，洞庭秋水遠連天。孤城背嶺寒吹角，獨戍臨江夜泊船。賈誼上書憂漢室，長沙謫去古今憐。

浪淘沙　　劉長卿

鸚鵡洲頭浪颭沙，青樓春望日將斜。銜泥燕子爭歸舍，獨自狂夫不憶家。

鸚鵡洲夜聞歌者　　白居易

夜泊鸚鵡洲，秋江月澄澈。鄰船有歌者，發調堪愁絕。歌罷繼以泣，泣聲通復咽。尋聲見其人，有婦顏如雪。獨倚帆檣立，娉婷十七八。夜淚似珍珠，雙雙墮明月。借問誰家婦，歌泣

何樓切、一問一沾巾、低眉緩不說

鸚鵡曲弔禰生　　明　李東陽

大兒孔文舉，小兒楊德祖，餘子碌碌不足數，身着岑牟
前擊鼓，禰生狂呼老瞞沮，我辱衡，衡辱我，吁我殺之
猶雀鼠，一投荊再送楚，黃鵠磯頭賦鸚鵡，鸚鵡才多
爲舌誤，嗟嗟何人不相妒，生莫逢仇主傅

禰衡墓

袁枚

荒墳三尺掩蓬蒿，撾鼓餘聲作怒濤。落筆爭誇賦鸚鵡，罵人何苦學山膏。干將易折終非寶，元豹難尋始是高。知否才流生叔季，楊雲一曲反離騷。[illegible]

鸚鵡洲懷古 見所著柏井集

漢陽 汪昶

江波瑟瑟江雨霏，紅葉萋萋生雲端。鸚鵡千年跡無識。
長江日夜流滾滾，憶昔漢末群雄起。曹賊奸橫最無比。
目中既無漢家君，朝內焉容禰處士。在朝偽為孝廉用，何
所表見異錄之。語多有不屑權門，何不待時返故里。一鶚高飛
驅群雄，文章之存亦瞭矣。幽魂潛視孰敢羅，何須叔也
急求知，禍在詳哉。懷刺知不在，狂言嫚罵終竟禍其非祿。
始終不受漢賊辱，奚似文舉興德福，甘受牢籠至身殃，吁嗟。
平衡雖不為奸雄汙，一洲長為才人綠。

禰衡墓

汪昶

喚起鸚鵡訪正平。無賦爲留鸚鵡名。喚起正平謝鸚鵡。埋骨本非曹家土。鸚鵡正平都不醒。往古大江流有聲。正平鸚鵡兩不答。嗟首楚天問風月。滿楚山楓葉紅。空埋故國信難通。行旅往來不知恨。洲旁猶自繫蒙衝。亂葉鏡舌不知止。禍君肯安處自悔。蘭蕙芊芊空自芳。無言獨枕長江水。

鸚鵡洲覽古　著有漢南詩集　漢川　王焜焯庭

阿瞞之威猛如虎。禰生偏敢攖其怒。阿瞞之氣可吞山。禰生視之直等間。瞞賊有權生有鼓。一罵猶能貽萬古。一撾慚賊魄。一再撾驚賊心。三撾賊耳將至今鳴咽。禰生死兮月正輝。千載留得烈士名。君不見江州之墓野草江上洲存傳鸚鵡。更無人表西陵一片土。

晚出漢陽城遊鸚鵡洲訪禰正平墓夜歸

黄陂 郭瑞龍 雪湖

夕陽隱迤曲城南草舍參差芳洲如砥平湖水綠時
簇木容佳塌岸江皋如綫荷寄木盡成山村大兄香
橋嶂降居士古墓白楊霞鸚落碧英風鸚替注鳥
畫影照勢正成朝居亂昂龍作棟梁村瓊月
支宇留我來憐芳樹雜夜所安倚罵賦誄君曰
衍年勞 詛訊

桃花洞　宋之問

可憐楚破息，腸斷息夫人。仍為泉下骨，不作楚王嬪。楚王寵莫盛，息君情更親。情親怨生別，一朝俱殺生。

息夫人廟　劉長卿

寂寞應千載，桃花想一枝。路人看古木，江月向空祠。雲雨飛何處，山川是舊時。獨憐春草色，猶是憶佳期。

息夫人廟　杜牧

細腰宮裏露桃新，脈脈無言幾度春。至竟息亡緣底事，可憐金谷墜樓人。

桃花夫人廟　宋　徐熙

一洞桃花發桃花即是君空祠臨野水何处覓行雲事迹樵人說爐香過客焚雨添碑上蘚誰读古時文

桃花洞　方日升

洞口迷離春復秋我人幽賞賦來遊雲封乱石桃花老月照平湖茂草稠粉黛三年空不語溪山萬古尚含愁只今惟有長堤柳猶是依依戀故侯

桃花夫人洞　清　朱国俊

脈脈春心尚怨誰枝頭结子已雙垂回思恥全那日應悔倉皇去国時馬似含情閒自語泉如濺淚向人悲珊珊環珮隨丹壁月映湖光斂翠眉

息夫人祠　元　燥桓

魯臺西去土门東翠羽明璫玉帳風一語已銷亡国恨百

息夫人祠詩

年從老細腰宮祠邊苔草竹春生筍洞口夭桃淚染紅

叢樹伐殘人代遠亂鴉飛老夕陽空

息夫人廟 十八家小倉詩集卷三十　　袁枚

一望蘼蕪滿廟春作渲風到此似吞聲桃花結子原無語鸚鵡

移籠尚有情千載香煙誰信奉三斗淚滴妾分風神乎

解得夫人衣蕭散還須啞樂迎 啞樂見宋玉

欲訪成連何處迹

伯牙臺　　　　宋湘

噫嘻乎伯牙之琴何以朝在高山之高忽在流水之深不傳此曲愁人心噫嘻乎子期知心何以知在高山之高知在流水之深吾無文字直到今日是耶非耶相逢在此答吾高山千秋流水壁上題詩吾去矣

登碎琴山懷古　　　　汪大鎮

莫謂古音稀誰彈古調着所以山水音偶向鍾期寫胡爲碎厥琴惆悵此山下我欲擬無弦笑君未瀟灑

伯牙台聞鐘（開汝集）　　　　黄陂　邱瑞龍（雪濤）

流水高山後餘音散碧空鐘聲天外落漢午正西風

題琴台

上虞　王嵐峯

踏破鐵鞋十二洲，滄桑人不數殘秋。箇中消息憑誰問，夜夜蟾光射斗牛。

訪鍾子期故里

汪昶

古樹宿昏鴉，村落數十家。父老告余曰：鍾子此故里。落落天涯裏，問誰是知己。有伯牙之琴，自留知音矣。荒煙千載下，莫謂無鍾子。

碎琴山

明　阮漢聞

江色天容鬭寥廓。欲霧蒸煙幻詭作。虢滂瀾夕走一壑。野夫日倚晴川閣。支公談理〻不縛。一茗一酒对斟酌。大別遥登古尚書。鬼斧神鍬窮彫鑿。高山流水真若趣。可憐古曲不成吹。沙迴樹合擁青岑。云是伯牙碎琴處。嗟乎牙心未為灑。七音操縵豈非泄。墳築虎阬叶金蘭。似我洋不藉絲徽。力析楊白琴嘯然。笑我自無絃無張。洞轎心背南。伴相訊雲翻羽覆皆何人。琴到於今不勝碎。千古琴聲寫之絕。僧雛告我琥鐘催。地石湖淌月出大。

伯牙琴臺　王文治 夢樓

伯牙千載後猶自坐琴臺秋水澄無際蒼山相向來
余有古曲欲奏復徘徊但恐無鍾子素襟誰與開

伯牙臺園林題壁　徐志

頽爲鍾期歷歷來杳無人处故鄉徊垂楊巖裏日初落
流水聲中花亂開山迴片雲生絶壁天空一鳥下平臺沙
青不礙東風路獨把孤琴寂寞回

伯牙臺即事　孫漢

梅子山前草帶煙滄浪亭畔水淪漣春風隔岸吹楊柳疑
是金徽正理絃
野艇自依垂柳岸桃花紅綻碧波前天光四迴湖波起

九日集琴台分韻得重陽二字　王樑門

高台供眺望，杖履喜相從。曲岸橫孤艇，虛窗入遠峰。杯浮花氣亂，秋散柳煙重。莫惜高山奏，知音此日逢。

故態仍然在，非關菊酒狂。良時堪些賞，高坐空斜陽。斷雁寒偏急，遙山遠更蒼。興酣忘竟日，扶醉折萸房。

冬日獨遊伯牙台感賦　古廖亭詩草　錦州陳瑋經漁

風物蕭騷白日陰，三年重到月湖潯。老松抱石屹相向，野雀爭枝何處音。○大地龍蛇特起陸，陰符經天發殺機龍蛇起陸一群鷗鷺不成林。故人泉下無消息，空對琴台憶舊吟。○乙巳正友吳立卿來滿有詩存語雅堂集

伯牙台題壁　道光六年五月　清　嶺南宋湘

噫嘻乎伯牙之琴何以恩在高山之高流水之深不傳
曲悲人心噫嘻乎子期之奇何以知在高山之高流水
之深古無文字直至今是耶非耶相逢在此萬古高
山流水壁上題詩吾去矣

九日渡江循大别山登琴台歸舟　漢陽　哈廷瑞靄青

去歲此日居漢陽於桐樹之旁築館桐侄質
後復來此宛然因自號侄桐館主

極目江山勝，歸然大禹祠。問琴來舊雨，閑徑酒會茲台。罗漢卿刘寿附雨　采菊
阻疏籬，乾坤净全吾土，觴盈未覓茎。指路待拒歐，波平漢陽湾。
長此話牙期　布衣同办

伯牙臺

漢口人　朱在鎮　南田

太息子期去，荒臺蔓艸生。誰彈流水曲，想見古人情。野曠孤亭峙，江空一鶴橫。樵竹迷松徑，路深蕪岩塞盈。

泛舟鸚鵡洲

黄岡　陳大華　西岳

漢祚日以非，志士憤不已。禍心固其常，英氣亦何偉。不見大小兒，捐生同一理。長嘯俯大江，日暮酸風起。

晚出漢陽城遊鸚鵡洲訪禰正平墓夜歸

黄陂　郎勝祀　雪舫

見鄂游草

夕陽隨遠岫，城南草含秀，芳洲如砥平，湖水綠波皺，木客結蝸廬，江皋九霞宿，茶木疊成山，材大元堂構，嗟我莅此土，吉未墜白楊雲，復鶴落雙黃，凡鷗聲，涇清畫，罷亞勢正盛，朝百嘴亂象，誰作棟樑材，侵身支守宦，我來振芳樽，辭朱聊安侑，罷馬嘆戲活，居民何事夢調吼，

過魯肅墓

黄陂 邱瑞龍 沚言

守將威名餘陸口墓門殘碣蝕江頭維持大局襄[illegible]亮（諒）協伐
中原志未酬臣本一心憂漢室鼎分三足覷諸侯孫劉合好
終何日遺恨千年付水流

郎官湖　李白

張公多逸興，共泛沔城隅。當時秋月好，不減
武昌都。四座醉清光，爲歡古來無。郎官愛
此水，因號郎官湖。風流若未泯，名與此山俱。

郎官湖并序　宋賀鑄

李白詩序云：乾元歲秋夜，郎遇故人尚書郎張
謂，佐夏口沔州杜太守、漢陽王令，觴於江城
之南湖。湖張公四望超然，乃顧白標之嘉名，白因號之
郎官湖。席上文士輔翼、岑靜以爲知言。今所謂

郎官湖在古郡城之北，東於西山向後貰百餘步，固不足四望，然亦已知其非是。且郡南瀕江之人，持國唐時於為者指郎官湖為鄣，蓋湖為江水所並，而去城里餘，尚有湖落隱然未泯，乃湖之故阯也。余丙子五月次漢陽，求訪遺址，始得其詳，因賦詩誌之。

當年賓守今載酒，酒擱遊涼月半新霽，明湖涵素秋。郎官夏口從仙客，夜郎因侶勝青觴，餘衛連觴紫綺裘。高躔隨雨散，餘躅思風流。芳草失青隱，滄波浮白鷗。江右百頃者，石刻一篇留。宜有泥碑其前，懷陵谷嵐

郎官湖春日　　李祁

西山收雨暗平沙遥斷溪梅隔水華留得煙林作
圖畫依然松礎有梅花
空山玉蕊伴瓊瑰到处寻花共往回便識春風最奇
絶試來同看雨中梅
朦朧疏影月黄昏著意春風入酒痕知是江梅喜
佳客倒垂花蕊照清尊
十日春陰到水亭水邊楊柳一時青梅花过了桃花謝
乞取山礬入净瓶

郎官湖　　蔣之奇

鄭圃僕射陂漢陽郎官湖郎官何爲名張謂佩使

符江鶴江城南乃与太白俱明月萬頃清光天下無

郎官湖歌　　元　李　洞

山前萬壽春醉酒杖藜迷却高陽池清風吹花綠陰倒笑我
謂是秋雲移還來買月棹夜过郎官湖峥嵘星斗入江濤
綠槎彩及卿魚九華華真人邀我倒玉壺麒麟脯共行
厨依稀仙樂在空際碧山四睽寒蟾振翠酒酌寒蟬明月
下飲姮娥俱霓裳拂雲錦衣夜露濕瓊瑤珠屨朣朧
朦羅煙空乃有玉皇所授之玉童風前飄飄曳廣袖对立十二
秋芙蓉清香九曲銀河通真人綠髮披太丸錦袍玉雪照天地
口饮姓字安南公曰是公多逸奇气賦与古者賀豪同時佚掃月色
延我石室煙蘿中又言昔往詔所邀比長笑一拂丹霞倚風

郎官湖曲

同治　汪昶

明月明与天地久，才人名随月不朽。湖光未涸名不多，湖水着
麼名不磨。当年宾主酬金卮，痛饮摇笔资歌诗。今古郎
官累千万，富贵醉解浮云飞。湖名应留才人留，月色不异
天宝秋。请看四平安澜胜，墓前波点永操操。

晴川閣 明 王一麟

長江顯漢古今情洲渚年年芳草新惟有漢家梅福宅百憂時倚灑漢江濱

晴川閣 明 李言恭

誦謨昔揭房今到古祠邊峭壁隔江斷危樓傍水懸窗飛衡嶽雨門過洞庭烟誰得思功業偏於河洛前

晴川閣 明 李維楨

登樓不作望鄉悲芳草晴川此一時浪色桃花爭異艷春聲楊柳遞相吹風濤自穩魚龍窟星月空臨鳥雀枝錦纜牙檣君莫問扁舟吾已學鴟夷

晴川閣

明　尹應元

別山飛閣崔嵬起，東瞰岷江北漢水。江漢滔滔去古流，
片帆收織魚舟休。檣鳴故集白沙浦，鐵笛微聞黄鶴樓。
騷將荻花滄浪月，吞吐瀟湘盼吳越。素練洪濤七澤渾，
盤渦轂轉疑溟渤。時有江豚作出沒，中宵漁火清人骨。咸
陽指點鳳凰山，坐底低橫蛟龍窟。一江相對楚王宮，開襟
樹青山撲面來。但得江峰鎮日遊，欲魚還弄水何求。

迴風登晴川閣

袁中道

昔向白頭浪裏行，青山也識舊書生。相逢誰謄黄江夏，
不死鸚鵡禰正平。天外雪山金口驛，雨中楊柳武昌城。
漢濱父老今安在，只合依他隱姓名。

登晴川閣望武昌　袁宏道

霜崖突出薛文斑鐵笛將風去不還百里帆檣千重水一層樓閣幾層山遙知樊口蔥蔥地只在迷迷攘攘間沙鳥宿枝魚路覓諸試看何物是清閒

七夕宴晴川閣　林章

木葉西風漢渚波高樓徙倚晚涼多十年易作人間別七夕難為客裏過陳子橋前堪對酒田郎席上好彈歌孤城露下雙星見牛女娟娟正渡河

晴川閣　李維哲

樓高百尺俯清樊荷暮無人共往還落日遙迷金口驛寒潮初上鐵門關名樓異代詩中畫於茲神功江上山

今古茫茫空極目，漁翁独上钓矶閒。

漢陽形勢自生成，萬水千山互送迎。已挾巨津為犄角，更依名邑作干城。内與天直滙湖裹，江出大别遥連鄂渚。檣倚偏危欄間指點，不須累米悵多風。

晴川閣

熊賜履

晴川閣外水悠悠，煙草無情長日流。共說西來巴子國，應知東過海門洲。風帆瞬息人千里，城郭參差石一邱。記得黃公雅興好為主，不時下漁鉤。

晴川閣

吳正治

天空木葉洞庭秋，倚檻重重面面幽。城郭自來多感慨，江山猶可慰風流。窺人好月看初下，對酒層峰蕣

欲訪隔岸敲時問玉笛憑高老子辭南樓

重修晴川閣　熊伯龍

百年樓閣大江隈仗鉞巡行刈草萊戰後山川容色老
清時天地壯圖開波橫蜃影蛟龍伏風靜鳩紫陽
雁來勝事不堪聰影去漢廷更急柏梁材
雕欄玉柱丈長空檻外帆檣萬里通春水遙來巴子國
雄風高壓楚王宮鳳凰欲下蕭誰引鸚鵡無言賦敢工
直擬憑虛窺八極凌霄何日羽毛豐

登晴川閣　柏井集　汪昶

対時仙樓鶴影横、隔波漢樹緑盈々、全收鳳嶺朝陽秀、獨攬鸚洲皓月明、二別煙同星斗潤、九江風定水雲平、仰瞻傑搆思梁棟、兵燹遺黎共此情、

晚歸大別山　醉白堂集　清　李以篤

委宛尋山麓，徘徊去郭門。人歸烟樹裏，鳥下芰荷村。暝色澄將夕，谿花幽自繁。千秋吾道在，此意與誰論。

登大別山絕頂　施閏章　愚山

桃花洞口花正發，同邵月城邊對酒盃。大別風高神禹廟，漢川雲起楚王臺。江沉鐵鎖魚龍蝕，鶴去仙樓鸛雀來。絕磵千年空悵望，碧烟芳草暮天哀。

漢漢晴川古木稀，寒雲絕頂攬春暉。水吞山郭堤還闊，風起江

城花自亂集浦帆如千樹密傍山石似共斤雲烟郎官湖畔樹堤
碎細雨東來點客衣

杪秋登大別山　　汪昶

林林木凋脫浩浩蒼波滄獨立江漢濱登眺何寥廓長風捲
寒寒江秋色來天末雁陣衡沙起鶴猿雲岸落遠樹暖危危
張烟杳一抹石裂嵌蘚痕巖深懸松樾游羅夕陽殘遠岸
銜半月

瘋風子歌 原注為密丹陽刺史作

漢陽吳吠敵遺稿

吳魚撰

比問吳風子病何以中風病由古人書讀書益多病益
瘤當以名酒爲藥美人爲引歌絲品竹較其酣戲北投以大
剎百葯一攬攔不爾將爲附骨疽病發無人敢支吾風
子曾對雲霄殿九重天子親見面說得兩宮回嗔拖風
子儼若無所見君後太后顏色變厲聲問是何敢然風子
依然口河兩目電風子又覲西巡將行在奉酒親上壽秋把
悲號淚滿面士寶時艱當補救宮門保與中迎拿手迎

失言開口詬風子，直欲挾其睥睨得中興，振衣去備問風子何許持風子七品一官耳，至尊雅欲超其職，蔣特予超擢授刺史，豈意風子病难痊，累詔難罷，歸臥山怨嶺上，官操白簡空恩蜀厚，啟歸田，雖然江湖合魏闕，且得与煙霞痼癖泉石膏肓長為緣，泉石烟霞殊可樂，堪与風子向安作

烏程徐慶升景穆

贈密丹階先生

著有植八杉齋詩集十二卷

大筆如椽氣自豪，詞源濁出海門濤，包羅萬象洵光怪，不是山經是屈騷。挽回路政謨何易，浩氣英風孰敢當，此老心腸真鐵石，偏來花裏作蜂王。

漢南雜詠八首 見所著柚井集

漢陽 汪和 競和

翼際山頭一問蹲，只今霓帳共雲屯。名邦永祀君臣守，往事淒涼不可論。

鳳笙龍笛宴初酣，紫競風飄漢水涵。到底繁華歸夢幻，遊人腸望在江南。

月華如水照人行，一片笛歌雜管笙。豈是桑田零雨可憐，江漢已經清。

郎官開酒起經塵，張李從前何處淹。大比滄桑名不滅，山川也愛傍才人。

閒聽琴台思悄然、鍾期墳冢隔荒煙、助君莫嘆知音少、如此才名豈可傳、

荒祠古柏翠蔥蔥、柏杪祠墟標一叢、廿載洪波三楚隔、詩人再讀禹王宮、

廟貌桃花樹樹殷、荒原闌苑有餘悲、疑圖諸子猺上春說明月前林四安貞、

湖上行歌趁晚晴、夕陽樹影入舟橫、孤帆收渡月千里、黄鶴寫聞鐘一聲、

葉雲素

題鐵門孫氏 名琥 字仁卿

君不見諸葛亭姓氏入辰生古藿又不見郎官湖形式可敬君不識
石壁我屋争來文勝境本与幽人会我家別業小西湖秦淮舊地
今猶在況君以才而腈以鐵以高並蘇以待白眉年少尤俊偉
元閒別見雲飛霞千軸萬卷惟其友瑜楞陳標足師友
字君以問君不懿以第得君應石柱呼旅等鏗金声光照耿
耿震以騰何須遠払文宗察將日恭鐵鷺飲手我時過席思
拜言乃祖乃父勤墻垣那家風本我以訓達以世澤名後昆

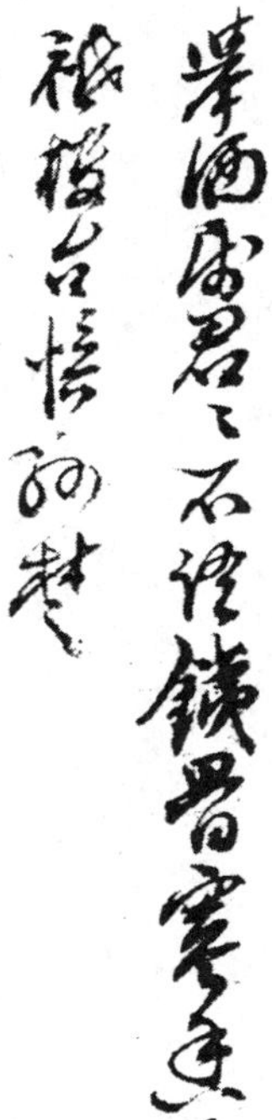

題竹中記西陲集（一名漢陽魏氏遺書） 漢陽周貞亮子幹

才筆流聞魏貴延，遺書久已化寒煙。一篇跳出劫灰外，神光不數當年井史篇。

一般何能請林之氣，才人自古有從軍。竹中記與鍾陵集，不晚千秋西大文。（記中討賊文，觀集與都將始聖一集論偽官文，觀記劝忘裁大）

羞向賊從容閑適，竊逃辟從詐識左兵勝（是年洪語），嚴如鐵（應時浴陳門經將權進，要東南久全屋師經過紀略中於寒南多悲詞，不及記中所載為其黑）

流將東南客，兼借醉餘遺興，為系勝傷心未淚，真無便醉

酒平生下信陵（先生壯年假酒早逝，集中擱辭世詩皆寫此因懷抱之作，惟其志亦可傷矣）

亂離寂處各東西，婦以印多經史筆墨一贏得紅閨甘鞠爲者

陵樹上有雙栖（記祖於鞠唯林女者至年前力殁，後百日婦殉鞠之，合葬於翰覺山下）

尚餘浩氣回長虹，文字千年有至公，誰向此中探殘史，古黄

余子貽堂詞（記由黄岡余君維衡於漢口撿地攤上字簏中拾得，吾師王壽彭先生刊而傳之。）

讀漢陽列星樓漢南日記書後

雲夢 戴齋宗 蒓侯

平生怕讀戰場文，爭奈豪情紀所聞。鄂渚活塵何敢兒，洪山孤壘尚屯雲（向軍門軍洪山戰，不敢犯，夜遁三江）。可憐天府金符盡（當給餉物儲數百萬，非識），崑玉並焚（民國壽增士大夫及到逃歸殉節殆盡）。局外奇求謹武略，出身未便擇千軍。

晴川閣聯　集句　李振

沱潛既道　江漢朝宗

又　集詩句　蕭徒宣

漢口夕陽斜度鳥　樊江燈火看行船

又　陳淮望之

雲濤走双龍夾岸直疑銀漢落

仙蹤留孤鶴隔江但有白雲來

又　漢陽宋鎮新

棟宇逼層霄憶數番仙人騎佩詞客題襟風日最佳

時坐倒騎黄鶴看青山排闥至　川原攬全楚看衣
盡鄂州煙光漢陽樹色樓台如畫更表臥吹玉笛還隨明月過江來

又　張飛洞

本地龍蛇循軌道　青[illegible]鶴鳴樓台

又集詩句聯　失名

數處早鶯爭暖樹　誰家玉笛暗飛聲

又　吳

高閣逼天紅日近　百川東注晚潮初

又　陳大文

傑閣飛甍極外留吴楚萬里
且帆出三天送江漢讀雙流

武漢圖經下卷

漢口

山川

川流

疆域

街坊

鎮市

交通　官衙

商務

寺觀

金石

藝文（流寓）

[illegible][illegible]叢錄

縣名表

歷任關道表

歷任文職官表

歷任令長表

表

武漢圖經　夏

坊慈　蔡古隱
凤裕　金石
蕤文

漢口初建基歷史

漢口初爲蘆洲，明代洪武年間尚無人住，至英宗天順時始有民人張添爵等祖父在此地築基。其洪武以下有建文、永樂、洪熙、宣德、正統、景泰六個朝號，凡五十八年，指何時言也？至嘉靖世宗四年丈量，則上岸有張添爵等房屋六百三十間，下岸有徐文高等房屋六百五十間，漢口逐漸興盛矣。見漢陽縣志雜紀王葆心纂入續叢談，謂此爲漢市開始最確之紀載。

川流

漢口

正經　禹貢嶓冢導漾東流爲漢又東爲滄浪之水過三澨至於大別南入於江

方志　呂氏東夏口誌　大江出巴蜀境由巴東入湖口東流至監利東南洞庭湖水由臨湘來會東北流至大別山東北漢水自西北來會漢水入江之口名漢口

按武漢圖經之編應以武昌漢口漢陽三鎮之川流爲脈絡必脈絡分明庶致證有標準而言漢必先言江始知匯合之來源右正經出自禹貢雖只數語却爲千古不易之標準故首錄焉至呂氏夏口志編自民國九年所列大江爲縣治附近流域極簡推撰附之其漢水一條所載舍夏口全[illegible]係依民數語所謂[illegible]東臣橋口舊玉帶河由此西通漢水東便漢鎮南面入江與本經迥有[illegible]因未穩[illegible]載[illegible]足以[illegible]圖經[illegible]其說甚[illegible]辨[illegible]但仍[illegible]遷故於此條不具錄

山

漢口鎮無山前夏口邑仲君實東偏夏口縣志雖山川並列（所列之）而
皆鎮市以外區域名載容(?)冊蓋等山非列在山都之首與漢鎮
市無關茲付缺如以昭示核實

寺觀

漢鎮迭遭兵燹古寺觀見存者尠兹就愍在今尚知其名者岸其比以實之

十方庵　見存　漢陽縣志在循禮坊順治三年建為賑饑之所安郡此庵來歷最久昉於唐代僧人臨州九峯道虔禪師由京卓錫過漢結茅於此曰集國寺亦名十方禪林中經緇宗百餘年律流而宗基宇漸狹直至清末宣統二年寺僧中興則以漢口地大物博檀越爭集民國塔時有水陸道場之設故局觀復得近今歲時漢岸迄今門首有十方禪林額入門即見歡喜佛

棲隱寺

即今佛教會右首之夏口縣志云舊在下關今移循禮坊
福建會館西注引府志又按謂棲隱寺自清宣統庚戌街
鄰失慎悉被延燒近今僅存寺址 按抗戰期間淪陷
後日僞將此寺撤與四明銀行既爲驛年[illegible]肆所居皆
女尼

四官殿

与五顯廟上之四官殿有別　此在漢口大智坊今燬於日寇

清順治乙巳人瞿恒岳建熊學士伯龍爲撰記謂楚之合南服大

德居守西漢諸文武當五達之衢黠虜構堅何時蔑有夏口志

謂四官殿在黃陂街下段面迴衢向[illegible]辛亥燬於兵未復今又燬日

寇估陶同早燬矣而鐘與學碑記推刊志首誌先見之

俟稿諸陶知孝四官殿在大智坊順治中邑人瞿恒岳建熊

學士伯龍記云云

迴龍寺

在漢口大智坊明永樂二年建初名塞口寺世宗時

幸改名迴龍見漢陽縣志謂辛亥兵燹惟存原地淪陷後爲[illegible]

圓照寺　在仁里巷請有藏經全部

古德寺　在本鎮何家花園頗偏遠今有住持藏論前陷間復員後剎尚存但前藏經不知日人搬去否至其添造者亦有新式樓房

大道觀　即吉玉皇殿　所住皆道衲，与長春觀規模略同，今尚存。志云在利濟巷堤外，即今利濟路也。

蓮華禪寺　今存　夏口志云在永清街

千佛應慈寺　今存　在仁里巷，清有藏經全部

九蓮禪寺　今存　在仁里中路

大观音阁　在居仁坊堡外清咸丰六年重建民国二十六年僧川继先夫人在此修葺今存

老官庙　在汉口由義坊明嘉靖六年建天启元年修已毁同治二年又重建　详汉阳府志

沈家庙　续辑汉阳县志沈家庙在汉口循礼坊大街为供奉关帝之所咸丰年间兵燹毁重建　夏口志谓为沈家庙战後繁盛極前庙记尚存

西園

名勝

漢口係市場無所謂名勝西郊地稍僻靜李華堂任財政廳長前有别業曰西園水木明瑟葺作菟裘革命軍興劉佐龍於其地駐軍旋擬省長及第十五軍軍長皆於此接鈐視事後設市政府乃闢為中山公園大門對面原立有蔣主席戎裝騎馬銅像園內有泥製蟠龍二具此後皆失去殆盡人折毁也其枕水亭翠幄橋夜虹橋夕陽橋四顧樓張公亭等皆此前設置張公亭歌

吴国桢署为民国二十七年建其记之惟沦陷时
上立有新石纪念碑文曰中华民国三十四年九月
十八日蔚如奉命接受日本第六方面军司令官冈
部直三郎大将率所部二十万余众降于此下莫第六
战区司令长官孙蔚如题则六战区司令部由
施南移汉郭副长官忏主席东原同来武汉
之后数日之碑迎面执原厅事新署有受降堂
款亦为孙长官手书其下有胜利厅为徐市长会之
署谓冰厂前共有三碑一为纪念前第十三师阵亡将士
前师长夏斗寅建一为纪念讨逆军阵亡将士前绥靖指挥

商務志

黃志成雜貨店　設河街每貨量出較市斛多一兩購入此係試百不爽一般爭趨之勝月衙市擁擠肩挑手持者皆該店貨也日生進錢店太頻因同茶館錢莊於間壁印收志成自生欵火焚於堤街設天福雜貨號天祿米店亦皆獲利售出後民德之爲類同天錫粟店李寶其市招黃志成三大字則江源書時行都下以該店文合得

鮑乾元墨店　曾文正由京庶書房中謂在汴購鮑乾元墨膠重，不可用。時在道咸間，鮑乾元已著名，迨民國十五年前猶設在打扣巷，係分銷，其本號在省也。戰後未知存否。

葉開泰藥店　以信口青丹丸散爲大宗，丸藥中之參桂鹿茸丸，尚陝西各省託船戶代購，以此店價廉。往購易，以葉店向掌可見其貨真價實。如今尚在否？

以善區論百年，葉開泰人冬季製丸散，先將珍藥大鍋選視，既代治蒸其藥，求葉片無害，歸善一葉之正月，製丸散，而都之民仍飲片，此店自是以來人益賴購之。

謝勝蘭神麯店　開設最久，在光緒十六七年時已見
其市招，書開有百餘年，今（字號）仍設於舞旛原址之大庫
門西走道，縱深平時臨香北後，得利尤富，集年底
戶履更滿也。其藥料較他同業所顯，該店舊品須
獨汎重，故人爭購之。其對門麯店則為謝盛楠未敢貳
言其解也。

張泰興藥材行　在沈家廟開設已百餘年，銷路達各省，主
人歲寄精子孫內外族多人，今收歇，其原址為櫃
祥所得，重門多進，外向衙後達河，其市屋中巨觀也

謙祥益布店　分南北號在上河街主人孟姓山東人與
北京瑞蚨祥爲聯號但彼售洋貨此獨布疋綢緞并
財力雄厚規模莊嚴肅近爲漢鎮首屈一指焉

漢口市區面積

夏口縣志街市全圖附註云：漢口東西曲距十三里一六，南北直距深淺不一，約計面積二十八方里有奇。是圖爲夏口縣志局繪圖員馮翔民國九年測繪，印在志首。按是爲漢口市區面積，而非夏口縣境全圖。若夏口縣轄境，則將漢陽縣所屬河北等處至灄口以西至溳口劃在內，則不僅此數之面積矣。今日市政府劃鄰區境界也。

漢鎮分區地名

宣統元年夏口縣境分劃九區，在漢鎮者共有四區。茲就縣志所載參以記之，所當以漢口街爲標準，作起點自漢口鎮上街

後以河街為正街 橋口至花園巷為第一區自正街花園巷至鮑家巷為第二區自正街鮑家巷至花樓巷為第三區自花樓巷至劉家廟為第四區今市政府轄境自橋口以下至龍王廟為五區分鄉鎮轄界屬

前清分司狀名

由區上溯則坊制也清乾隆漢口巡檢司在漢陽北 舊在漢口中 南岸後移北岸 是口有巡檢之稱時設巡檢司者輒設仁義禮智兩司後分仁義禮智為四坊凡屬一帶是又曰居仁坊曰由義坊曰循禮坊曰大智坊相沿至今其名猶未盡改大智區門牌大智路東及大智都循禮之循禮坊額 據王氏序志 仍沿舊設漢口為北宋信坊時中葉設巡檢對此將漢口南北岸市段為陸自成代初漢以江段為巡司後南北坊坐南岸至沿漢江仁義禮智四坊所占兩鎮鄉分額至祠堂丈家嘴上至十五里推至一七中 十九也 漢陽為漢陽居仁由義循禮大智四坊其自立於北岸今之不知有此年前漢口以信坊地名

陽目之耕石也云云。據此可與上述記載相參稽互證也。爰附識之。

江漢關道

清末設漢黃德道為分巡制，原駐劉黃州（咸豐十一年始移駐漢口）。時尚未正式設江漢關署也，即以分巡任兼之，故又稱江漢關道。先此同治間張襄將漢黃德道加兵備字，自都守以下由歸節制。本會先是西學又漢黃德兵備道稅務口岸記關稽核交涉焉。以瞿廷韶、惲祖翼、岑春蓂、桂嵩慶、瑞澂等任此缺者也。至今之江漢海關，其監督由財政部派。其署址果於沿江馬路，即今江漢關署也。其江漢關三大字為漢陽宗彝蘇書。

漢口通判

漢口有同知，俗稱曰二府，又有通判，曰三府，有判署在同
二府者之司馬，三府則
駐漢口鎮。光緒二十五年，總督張之洞奏請移其漢口原設之漢陽
府通判改名爲有捕之責，實鮮訴訟之事，似可專作駐該鎮審訴
漢陽上六十里漢陽縣屬之蔡甸地方，本同發缺更迭，可安於將該
通判移駐蔡甸，同於是年，權遂移歸於上之兵備道矣。

漢口都司

張秉棠諸加道員兵備字樣，諸日都守以下可歸節制。蓋以都守皆武職，
文武例不相轄，有兵備銜則可控馭也。漢口都司請求爲陳士衡，有

虎威每跑馬過街人皆坐而畏之

漢口　陸放翁入蜀記離鄂州自此以南爲漢水，水南首沂沔諸郡尊
漾東流爲漢，其水色澄澈可鑑，太白云楚水清若空，蓋言此也。
放翁入蜀記作於乾道五年十二月被夔州通判，次年六月由浙啓
程，八月抵鄂，晦日離鄂，時正漢水平時（故），又若六七月則未必清徹耳。
夏口志藝文夏口考云夏口沔口總是漢口，況昔設夏口廳
與同知駐扎夏口，今已爲市區，本名有漢口二字，穀梁
傳云名從主人，故本國歷仍用此二字，市與今之命名合也。

夏口

夏口廳與夏口縣
清光緒間夏口設撫民同知一員，以轄漢口交涉，其任之繁
（以漢陽轄境襄河以北之地，北至灄口，西至溳口，橫約一百二十餘里，縱約三四十里，此方歸該同知管轄，作爲正印官之地方，故見張文襄公奏摺云夏口治所原在）
余世和字鶴生，曾偕福開森開報館，時在督署任洋務文案，
出爲同知，繼揚秋司馬，又因清軍府以別於武昌、漢陽知府廳

最後爲馮啟鈞著幹才任此缺久後由張之洞擢升巡警道
瑞澂向不慊於藩事動之以罪及向在同知署司緝捕之
徐升卅餘年充和辦職之歷未幾截民國初接設夏口縣
首任知事爲徐聲金字蘭如天門人以益興百貨與武漢當 檢察長 審判所 長沙隊
轉爲國領事及律商素洽讞政聲後爲各省高級法院
有侯祖畬北字小沂南皮人以任商知夏口縣事最久者
辛亥洎革命年振漢時商局知事爲王佩高則接罗良襄
下年北伐國民政府成立省財政要員制漢口設市政府知署遂廢焉

漢口鎮守使

實錫鈞字鴻賓直隸人由民初至十四年革命軍抵漢

始（補任）設中間曾由吴佩孚任以湖北省長兼充未久旋議旋陳嘉謨以督理兼攝而專任鎮使（任漢口治安司令旋）返劉佐龍以第十五軍長兼省長以鉄早無形取消焉

漢口商場督辦

督辦公署設江漢關附近苗家巷規制頗宏初任督辦為湘潭楊度中間曾易張國淦未詳原委最後為湯鑄新蕭耀南督鄂時已由漢關節節伸商決治商有議借值政變離漢此利遂已廢

總董　劉子敬（讀）　盛竹書　浙　蔡輔卿　王琴甫　皖　黄文植　鄂　二　賀衡夫　陳經畬
九年當選（讀）李紫雲　吳幹廷　蔡輔生　周星棠　黄文植　賀衡夫　二　賀衡夫　三
黄瀚卿（讀）　俞清澄　鄭燮卿　盧洪昶

漢口總商會

今之漢口商會，即昔商務局演變而成。參治鄂記　即張文襄治鄂記
光緒二十四年，文襄督鄂時，即著手於漢口設立商務局，延致殷實誠信通達時務諸紳任此。今按：民國七年十一建
此為總董。先是，漢口祇有八大行名稱，有事由夏口廳諭令八大行首事集議，無所謂董事。總董之最初由危子豐任總董，子豐舉
人為評行員。初有古若時，因場員責，新建商務局，此為道員王書恩
宇雪澄，粵名商之子，與五旬之契，故出膺其責。總商會有人劉子喻由
進士官候補道，李紫繼任總董，皆未久即辭去，時黄嘉成在漢為
八大行中折貨行營業最盛之商行主人，黄蘭興，字瀚亟，咸寧人

被選爲正式總董，已而贊有成，術年就營業，且條報勤，已歇奔走

總理具疏入告，獎以二品銜，候補道，已是年以爲例，已瑞澂任浙保已

請方岳兩江總督赴寧任總商會協理，商務局總辦，商會協理，財爲〔丁未〕

候補四品京堂，繼之者爲蔡文惠，蔡輔卿以成寶人，〔蔡輔卿〕有任材

道，成黎黃陂以副總統特頒給三等勳章，未幾也任蔡，北爲京擴

伯漢陽人，中華民國自後商界崇黃之植，咨衛夫陳經畬等，或爲會長，或〔或曰理事長〕

回主席，會初設會地，如今以見門外有〔漢口〕商務議會橫額，其即其地也

漢口慈善會

民國二年，蔡〔輔卿〕文惠爲籌建此會，赴北京謁黎〔宋卿〕副總統，總統爲

時佑旅〔[illegible]〕資，通〔[illegible]〕撥基地，即今會地也，在六度橋上，會中

叢下年間建成，旅門首立有黎〔[illegible]〕銅像二座，會門首張兩院側賈

但念拘以指也移孤兒院經費得稍呈補助不但甚此而已猶收孤兒授以藝事出品甚精屢次展覽見譽有中西醫院設備最全後獨立為診所頗動慕濟市民稱焉蔡於民國辛未秋無疾而逝愈表悲悼由區趙伯達先賀衡夫等決議與慈善會同市黨部白馬樞商之感居民有這下其又不使孤兒百而已今慈會改讓漢口市醫院病室就市醫院自有設備移林不敷佈置可也見原址規制之開洞焉當時財在會內其記為有李君兩達及口和志印有慈善會路方慈善會孤兒院西間附近之漢江慈善會其址廣一袤二千餘方舍所左設孤兒院右建中西醫院以平西其洞依今周悠之其孤兒多院名工場及發展習藝樓除外所刑布置於內規模宏遠誠劃今也云云按此圖詳請可與右述參証益見剛遠其之不可沒也

光宣江漢關道年表

光緒九年 何維鍵 別号學沃 浙江

八年 惲彥琦

十一年 蔣武震

十二年 嚴昉

十三 江人鏡 蔡甑 婺源 舉人

十四年 孔慶輔 曲阜 舉人

十六年 蔡釗

十九 惲祖翼

二十年 彭士華 [illegible] 廬陵

二十年 朱其煊

二十二年 年廿三 瞿廷韶
二十四年 俞鍾穎
二十七年 岑春蓂
二十九 陳兆葵
三十年 梁鼎芬
三十一年 [illegible]昌
三十二年 桑寶
三十四年 齊耀珊
宣統元年 吳肇邦
二年 齊耀珊

進士

金石　漢口即夏口明初始爲荒洲蘆岸絶無金石今於私家記載中摭采一二參漢陽縣志及府志所載應隸漢口夏口者爲之劃分以符名實藉存梗槩

西関帝廟春秋樓記

此碑辛亥民軍起義漢口西関帝廟地近戰場原石被燬幸碑文已選入坊本古文筆法百篇中　其第二段有云漢陰之西北隅奉寄諸君子建關夫子廟後起危樓規模宏麗肖夫子讀春秋像於其上此春秋之所以有其樓也後段云吾願登斯樓者毋徒詠漢陽芳草與晴川黃鶴徒爲嬉遊眺覽之所以振忠臣義士之氣而非以供騷人墨客之娛此春秋樓之所以有記也從前刻曾蓋奉寄有人漢陰二字不别於漢陽正漢上夏口也

大安寺鐘銘　銘詞有云波心潮出佪旂風般般無只只金鐘淨心竭力功圓功竭得金烏離海東此二十八字係可辨識者欽若嘉熙庚子六月中浣東濼孟珙識　按嘉熙爲南宋理宗紀年珙名上署東濼乃地名珙之襄陽人東濼乃古稱又是時珙於漢口置屯因鑄此鐘　則吉金中之僅見者

西來庵碑記

擬記者黃澍庵址在漢口居仁坊順治五年總督佟制府壽和
建夏口志云西來庵故址清光緒七年改爲通判署民國後
改河南船幫公所今此碑石存亡待考

四官殿碑　殿在大智坊　夏口志云四官殿向在黄陂街
下段通衢間　碑石撰記者為熊鍾陵學士文中段有云歲
自江滸見有四官之舊廟立焉轉然喜曰有是哉江漢合拖灑
沆漭突此直一水大阪濟之御艱曰大惡依之所

漢鎮義塚碑　撰記者蘄州顧黄云　案其中有云漢口近為沔陽
流民占籍貿販為業小舟鳥雁泊之江西接楫張帆多寄泊而因
遂借船旅沿江險闊處奇風波生者汲沒溺死四以肢少年罕無償
掩埋云云所謂據云謂康熙辛丑知府吕設江寧樓不來載其名
江新民稱本府鑄蕃棟例代經有記所胡也

清官碑　在漢口大智坊康熙五十二年鎮紳爲學使李南書周望立　按總設碑多邑紳爲地方官贈送而建學使不問地方事而亦立此碑則以當時朝廷功令考核天下學臣以李周望爲第一也

漢鎮節孝坊刻石

題詞有云琅琊世族蘭陵世系荼蘗清操冰霜孤詣桓孟可方郝鍾堪媲勒石標貞綿於勿替　按本省外府每見此類坊刻漢口五方雜處受旌者稀此麟角鳳毛也書丹者清人李文靖高前漢陽府學教授題詞殆亦出其手惟文剝蝕盡殘碑亦被旌者姓氏俱不考

滌成園碑記

石立漢口葉王廟東廂別墅記為程秉揆及四六文足全篇載夏口志後樹按謂耕雲先生逸先初岁首善詩詞聯儷文千言立就此記懸滌成園庭壁徐州刺杜岕現移置漢口小遊園中見極欣賞云云耕雲為秉別號著有賓織齋詩稿

千字文刻石　孝感胡牧亭侍御給諫書字鹿洞字作氣象皝加高上之　見擬園雜組此皆漢陽葉氏所作葉氏寶之砌石祠壁亦見漢口小志亦云其精書法也

高山仰止刻石　此書胡雨蕉聞若為史制府作石立漢口總幽金飯亦見漢口小志

漢鎮堡垣記碑　張文襄奏請拆堡修路，此石遂毁。而記以總督官文署名，碑起段有云：楚北漢口鳳林巨鎮，控吳楚之上游，扼江漢之門户，漢陽在其南，武昌居其左，羣山環繞，爲兩湖襟帶，衛全楚藩籬，誠東南扼要之區也。中云：於是文武官紳，擇要地，度地勢，議以上自橋口，下及沙包，計長一千九百九十三丈二尺，約十一里許，築堡開濠，建立炮台，以資長江之險云云。考其時爲同治三年，知府爲鍾謙鈞，通判張炳海建此，汊北則邑紳胡兆春也。其時並設有堡垣局。

漢口義塚碑　記爲顧黃公景星撰，見白茅堂集。碑爲康熙十年辛亥立。黃公記則見金石門。

雙烈碑

雙烈碑舊在城西左側光緒三十三年丁未張公之洞
指鄂毀堡垣為馬路置二碑於泥淖中漢陽陶
君慶棠不忍見尚之濟生堂友藍子芳倩役移置
於該善堂之左事載嫡垣雜俎內

江漢關奠基石字

漢口江漢關大門右首有石刻字文曰民國十二年
十一月四日總稅務安格聯命付士奠此基石分
三層橫刻字大約三四寸　下註英文

江漢關防水墻漢口水災會石刻

文曰民國二十一年漢口水災善後會工務股建

石闊二尺高尺有半字徑四五寸會中文牘

鄂城吳丹崖書　原未署名偏知其筆

蹟也

防水墙碑

在漢口一碼头防水墙脚下嵌石，鐫曰：中華民国二十一年湖北水灾善後会建（工務組）。据是年漢口大水，先设水灾急赈会，半年水退，改爲善後会，閱二年会始撤。会内有工務股，我爲趙煥章主之，此防水墙所督建也。

書丹北房節織人吴丹睢

刘時建，琢其年月亦在抗戰前，與受降碑同时
建於民國卅四年陸軍第一百八十五師陣亡將士紀念碑
址上 黃岡熊識題其碑座四周，各題四字，曰取義
成仁，萬天立志，肝義膽，宋瑞所題，盡忠報國，石祖芬
題。碑陰有記，撰者李仲平。日寇迫近，郭部始
離漢，此陣亡將士未撤，隨江防司令侯軍指揮始
日軍降補立以永紀念也。受日本所立碑亦有記，
均湮滅不甚可辨，容待得原稿補入，並右類

藝文

漢口 遂初堂集

潘耒次耕

漢口通江水市斜，兵塵過後轉繁華。朱甍十里山光掩，畫艫千檣水道遮。北貨南珍藏作窟，吳商蜀客到如家。笑予物外無營者，也泊空灘宿浪花。

漢口　敬業堂集　查慎行　初白

巨鎮水陸衝、彈丸壓楚境。南行控巴蜀、西去連鄢郢。人言雜五方、商賈富兼并。紛紛隸名藩、一一旗號整。騈騈艣尾接、得得馬蹄騁。傴傴人摩肩、蹙蹙豚縮頸。群雞叫呼啞、巨犬力頑獷。魚蝦腥就岸、葯料香過嶺。黃蒲包官鹽、青箬籠苦茗。東西水關固、上下樓閣迥。市聲朝譁譁、烟色晝暝暝、一氣十萬家、焉能辨廬井。兩江合流處、相峙足成鼎。舟車此輻輳、翻覺城郭冷。黃沙樸面來、卻扇不可屏。稍喜漢江濱、浣紗人見影。

[illegible]夏口留别五首

上元 金世和 煦生

世和權篆夏口，将近一載，方以興革無聞，神明愧恧，乃都人士感情攀戀，結結之劇，製牌匾以贈，令人令我徘徊不忍去矣。寸心千里，不可無詩。

子公三代直列伯高人豪，能以地方治視同手事，勞山川

神禹秀賢士識明高，最是驚心白（今二十夏）口報（用紫手公句）留别仲昇

皇皇十月聯之萬千，端隨衆歌康樂，無才只求治安市心，方

角遂民力正艱難，南北此都会，後來成大观。留别高昇

十年分治後，得士簡而雅，芹藻采江漢，絃歌向孔墻，作人

開大夏有道，是羲皇（羲皇保密子公自謂也）教育千秋事，學成須

自强 留别学号

堡垣真铁垒右海六猴狮大地扼雄镇长江居上游干
城期报国风浪感同舟新柳帘边绿离人春水愁 留别年号
亦有叹嗟辛苦兼辰予辞国民气象以振直道那乏司诗教敦柔
远礼经规矩遗一洒文士命伤感美人迟 留别赠号
谢报君诸公盛谦
东南宾主美慷慨见平生郁郁有文字隆隆海大名春
风一杯酒苍雨十年情汉上重来日题襟再订盟
山中怀汉上蓬莱会诸友
去年朋辈聚阁官齐今日足音空谷稀只有虚函游宗最

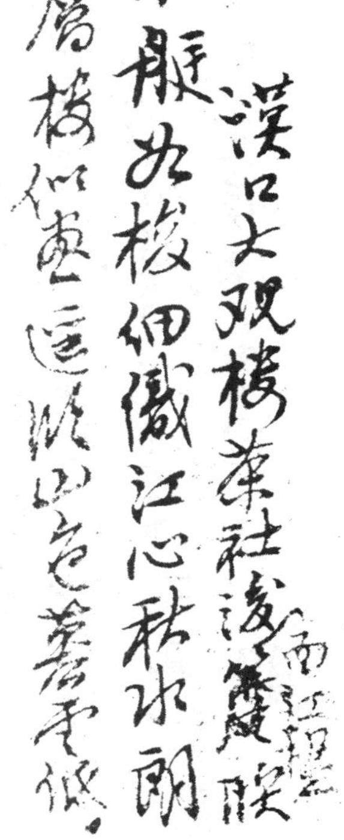
漢口大观楼茶社後
雨江題
小艇如梭細織江心秋水朗
層樓似畫遥收山色暮雲低

漢口長沙會館聯　陶澍雲汀

隔秋水一湖耳，看岸花送客，檣燕留人，此境原非異土；
共明月千里兮，記夜醉長沙，曉浮湘水，相逢好話家山。

漢鎮湖南會館聯　左宗棠

千載此樓，芳草晴川，曾見仙人騎鶴去；
卅年作客，黄沙遠塞，又吟鄉思落梅中。

漢口長沙會館落成聯　李壽蓉篁仙

畫船烟雨下潭州正此間檀板金樽樂府翻成望湘曲
瑤琴清泠懷帝子更隔岸梅花玉笛天風吹送過江來

舟抵漢口泊打扣巷哭蕭培園表兄才蔭二首

按周由陜西典試回作 見傳略中集 周錫恩 伯晉

汗血麒騏驎翼駕心。長途一蹶禍侵尋。門留趙勝三千客。散朱家千萬心。游俠何人為子傳。交情無我與君深。悲來不待山陽笛。掩卷重翻淚滿襟。

翻覆儒文互謗傷。痛君古道出於商。忍看華屋更新主。樓聽轀車寄異鄉。漢田題遍碟成[illegible]夢。琴台泣灌贍斜陽。獨擠淚眼望江堂。賀錢交替百年傷

漢口

清　武陵　楊瑞湘　巖

大别山前水倒流，令人惆悵憶孫劉。書生竟有吞吴志，天意何曾爲蜀謀。楊柳旌旗江上酒，仙人黄鶴水邊樓。也知興廢尋常事，獨有閒情狎水鷗。

漢口舟中和名村

據名村印，許兆棠乃兆椿之弟也

雲夢　許兆椿　秋巖

五湖泛宅計終賒，擊楫同登漢上槎。世味漸諳知老大，鄉園欲近問桑麻。兩村樹杪明颿影，面水涯根動浪花。無限心情同着眼，可憐倚櫂聽慈鴉。

清 仁和 姚士銘 朝宗

小滿日漢口舟中對雨

見所著楚南游草

今朝逢小滿，好雨及時傾。蓄水開窗景，飛空作碎聲。雲迷江夏樹，烟鎖漢陽城。待到黃昏候，天清月更明。

舟發漢口作

姚士銘

漢口雨餘天，開帆競放船。雲光橫遠嶂，日影炫晴川。

因風順舟輕，得路免逢愆。頻眺斗米麥，備平田。

登漢口第一樓獨坐

敘　　吳邦治　鶴關　元康

古市梁陳久於今百家都放煙凌曉霧野家任明霞起

滴黃金貴人誰彩筆花開處處眺鸚鵡燕語平沙

漢口

大別高高樓聳翠雲江深漢廣思無涯如何自古風流地臍

有於今富庶都秋熟一樽雞下酒春風幾點樹頭花蕭

然虛室無波穩獨把漁竿弄歲華

漢口水詩 有序

清 烏程 范鍇 白舫

丙辰按嘉慶年五月孝感縣教匪滋事明將軍亮率兵剿殺賊退踞胡家砦負嵎不下至六月二十九日始得殲除先是邑令捕獲賊目楊偉鄭自清等九名訊係襄陽人周義祥爲師相期糾千下應約於于日同起也孝感距漢口不及百里半日可至居人惶惶莫定厥爭先購舟將挈家遠避每舟數十百金不吝一夕江水驟發後湖汊漫波浪掀飛賊不敢渡賴是以安父老謂此湖神默佑當奉祠祀迨賓居行衆無有念之者可慨也詩曰

賓磬莫問早梟食胡家砦裏縱花賊倉皇鼓佩赤雲符欲上

鷁首步飛翼馮夷振怒鞭鳴鼉吹風蹈浪翻江波一夜潮田水鱟文倒横天塹鶩飛群魔漢口人家百萬戶高檣大艑集商賈朝朝聽報捷書飛那有夢魂賦格鄰維時陶陶焰妖氛連山嘯聚肆剽焚淨掃欃槍偃匝月千里爭看飛將軍雲舟盾行樂誰家下買醉青樓博盧雉可憐曩時湖神功一檢更供虔祀

憶夏口舊遊　柏井集　汪昶

客歲曾維夏口檣。烽烟未冷即繁華。笙歌夜月千家燈火秋風十萬家。漢渚鶴艘商賈輳。江防虎帳笑談譁。重提舊夢渾如昨。慘淡雲山隔暮霞。

夜泊漢皋見綠章游草

黃陂 邱瑞龍 雪濤

一雨晴江江程江流吼作声夜長偏臘近人借覺潮生明發帆千里荊河鼓四更霜寒天未曉漁火鎮孤舟

漢上喜晤汪文　隨園詩話　曾燠　賓谷

他鄉執手感前盟，白髮垂肩閲歲更。問舊可堪皆後輩，抱書猶記拜先生。漸成安士如秦贅，别後添丁盡楚聲。客況中年誰復道，一尊寒雨故人情。

由漢口渡江　黄鉞　左田

晴色遥分黄鶴樓，西風垂上漢陽舟。兼天波浪千帆疊，照水雲霞萬里秋。蹀躞那期今日事，飄零焉惜昔年遊。甲辰与先兄来游武昌　仙人横笛應相笑，青鬢無端换白头。

蜀山寒到雪初飛紅裙白酒遙相與秋進陳人莫
論非一樣斗華鬢晚梅花與慧送去歸
劝漢上消向歸詩人勿再作傷心語
十年漢上題襟會千里雲山夾夢中幸有嫦娥下醉酒好從
兒女識英雄淚多莫再執手泣心碎須防長亡壓寄語存
行樂事詩工翻恐為詩形

漢口後湖　成化初河決乃徙今流　見雲[illegible]堂集

漢陽　彭心錦　纂庭

漲後襄河二百年、平蕪千里浮花然、白雲有影常垂地、青草無依欲上天、春色往來秋杖裏、苦懷休引酒杯前、今朝準擬同襟抱、莫放斜陽墮柳邊、

春漢口後湖即事　謝白堂集

漢陽　李以篤　雲田

臘氣暖如春巾衫不厭、貧長堤涵、積水斷瓦宿香塵倩非關酒題詩莫寄人相逢周小史放眼已情親

漢口別范白鄰張亭村　　清　歸安　孫枚　秋濤

相見語相憐深情勝昔年與君偶逆旅此別對樓船落日明流水長風送去船登臨空有約孤負好晴川（仍游晴川未果）

泊漢口望大別山作　　孫枚

浪游半歲度重陽此經過奇奈留無十日何獨倚篷窗望大別空教添得別愁多（時將至襄陽）

後湖　綠陰山館詩鈔　　歸州　王樹桐　琴軒

泥泥新流河忽滿澤畔行吟遠漸闊三商心事向誰論慘淡空自悵閒情

天闊低飛雁照五菊微醉西風夢裏埋

重九後邀凌玉業師同弟霏玉抵山期偕子集漢口

慧蓮菴時有口壬趙游　　漢陽　李以篤

揚帆西去復淹留今節青霄取次出共我籬邊還送酒

從云泮畔賦悲秋心情歲月花顏老兄弟東南竹箭流

更覺客星皆舊侶相逢不醉為誰愁

將發夏口　迪功集　　　　明　徐禎卿

鸚鵡洲邊生暮烟，旅人南望思悠哉。盡道巴陵湖水洄，秋風莫渡漢陽川。

訪內方太史於漢口舟中即席賦　　　明　黃岡　王廷陳　稚欽

按明童承叙有內方集，故稱曰內方云。

漢廣來非偶，人遐會亦奇。獨超金馬去，暫遣白鷗隨。泛舸疑牛渚，彈冠想鳳池。當鄰澤畔侶，鰥鵜不勝悲。

其二

鸚鵡洲　其二　王廷陳稚欽

每憶朝端舊，寧期渚上逢。華杯醉鸚鵡，吹笛擁魚龍。天遠江俱老，風迴渚自重。知君欲解纜，為我且從容。

抵漢口　　熊賜履

家園入望見南山，茅屋頹然漢滸間。憔悴形容君莫問，洞庭木葉待予刪。

泊夏口懷子星　　顧景星

江洶維舟夜霜明，未肯眠。大星排霧出，寒月近人圓。雁信蒹吹斷，烏啼客思懸。疏簾櫳雙燭影，對白更誰憐。

舟中偶書　　陸游

老子西遊萬里回江行長夏亦佳哉晝眠初起報茶熟
宿酒半醒聞雨來漢口船開催疊鼓淮南楓落亞高槐
四方本是丈夫志回首自憐心未灰

尋盧學士船至漢口留詩爲别　　元　揭奚斯

晴川淡微瀾、曳雲在層巘、參差連舫出、散漫群鷗遠、始知
導漢廣、遥睇高旆捲、懷賢每忘賤、臨流亦忘寒、蒼茫景
將夕、杳渺春猶淺、孰知遥相送、餘悰何由展、

浮漢　李夢陽

漢江雪後水初生、鴨綠粼粼萬頃平、估客帆檣天上落、漁人舟楫浪中行、山光側蘸參差樹、雲影幽深散亂萍、數聲山鳥過、滿汀蘭芷不勝情、

夏口 一作漢江　　杜牧

溶溶漾漾白鷗飛。綠盡春深好染衣。南去北來人自老，夕陽長送釣船歸。

送王侍御赴夏口座主幕　　白居易

君爲珠履三千客，我是青衿七十徒。禮數全優知隗始，討論常見念回愚。黄鶴樓前春水闊，一杯還憶故人無。 英按此詩似脱十四字

行次夏口先寄李大夫　按一作上江夏主人

連山斷處大江流，紅旆遙迎鎮上游。幕下鵷翔秦御史，軍

前奔走漢藩侯當陪劍履升鸞殿敬謁旌幢入鶴樓假
著緋袍君莫笑恩深始得到忠州

漢口藝文

自夏口至鸚鵡洲夕望岳陽寄元中丞　　刘長卿

汀洲無浪復無烟，楚客相思益渺然。漢口夕陽斜度鳥，洞庭秋水遠連天。孤城背嶺寒吹角，獨戍臨江夜泊船。賈誼上書憂漢室，長沙謫去古今憐。

漢江宴別　　宋之問

漢廣不分天，舟移杳若仙。秋虹映晚日，江鶴弄晴煙。積水浮冠蓋，遥風逐管弦。嬉遊不可極，留恨此山川。

江漢臨汎　　王維

楚塞三湘接，荆門九派通。江流天地外，山色有無中。郡邑浮前浦，波瀾動遠空。襄陽好風日，留醉與山翁。

按王右丞此詩初未收，徙見周氏聖楷編於梵室，乃補入。

憶夏口　羅隱

漢陽渡口蘭爲舟，漢陽城下多酒樓。當年不得盡一醉，別夢有時還重游。襟帶可憐吞楚塞，風烟只好狎江鷗。月明更想曾行處，吹笛橋邊木葉秋。

泊舟漢口　王十朋

身雖到漢口，家尚在天涯

漢口慈善會黎前總統銅像贊

天地萬物論曰芻狗惟茲立德永垂不朽黄陂黎公愷悌君子博
施濟眾慎始開終不私其家不懈厥志曰心所安曰力所是
視聞茲眾生不識不知天水火之公袵席之寒曰衣我饑曰
粒我羽翼造化公無不可匪為會榮匪為公名同心一德
樹之典型匪言公文匪言公武迺善迺慈為眾生母惟江
浩浩惟漢湯湯惟公德澤與之俱長爾公化身百千萬
億以勵國人以貽百世

漢口中華慈善會敬贊

又陰面贊

漢口慈善會黎前總統銅像第二贊

翼翼其明，璜璜其武，拊有江漢，遂能苞富。禍福不更其操，夷險不更其度。方其震神鉦，麾齊斧，布肅於絕書之野，揚威於嗣山之巔，麾軍偃伯，有赫斯怒，若崩山破潰，若木其本，若鷙鳥之搏勁翮，若黃河挾風雷而東赴也。然而不為謀府，不為智主，道藏而不名，功成而不處，溥育群生而無私，好惡非己，為事而無獨處。望之也大，視之也博，將嶷然，郁郁然，左準繩而右規矩，蓋以德化而以誠御也。推其身而使銅民者作，退其身而使錢民者沮，中立其身而使閭民者懼。雖陂慝喁詭，日與患遇，而鳥行無譏，其出也不新，其入也不距，縱

俏德就閒樸欲毋違勿萌而蘇曰民者根著之徒惜其
去此何可数翻鄉人歟速而無告此尤斐然若嬰兒之失
哺吾聞美之思華盛頓也尊國父斯所謂異爾而同
言胥珠陽而共照嗚呼河有綠萬野有滑杜民安思而忘
所恃也

漢口中國慈善会同人撰贊

中華民國十一年六月　日

漢口佛教會壁銘 并序

太虛

今世之變亂非東宣佛法無以正之又非中国人不能勝任而武漢則華夏之心也民七之秋予始來漢皋民九之春之冬第二第三次於武昌講起信大佛頂是冬之在漢講演三日漢口乃有佛教會創設自是日新月異而歲不同以迄成今日之盛且任長增高方興未艾王森甫會長謝鑄陳理事皆於創造之艰难期持續之能久請爲辭以銘其壁即說偈曰

漢皋本勝地華夏之中户一船南北交輸西東而民超繁物阜維豐道声一樹天下偏風覺府今世唯佛大雄慧日破闇法雷振聾奇建佛教會於茲百工宣教興學極宏恒宣出報刊布佳像流通

亦修净業習禪功放生蔬食士女率民增高速長當有不同
處若文采煥炳虛空雲蒸霞蔚得之要所
民國十五年元月七日　釋太虛撰書

漢口佛教會創始記

民國九年庚申秋杭州彌勒院太虛法師應李隱塵陳元白兩居
士之請來鄂講楞嚴經於武昌黃石蒼居士等因延法師歎
塵於漢口安徽會館法輪之開群情感動始有創立漢口佛教會
之提議假紅十字會開成立會公舉李隱塵居士爲會長王森甫居
士副之就慈善會爲辦事處派逕僧典橘赴杭州黃覺社之海潮音月

刊辛酉文殊菩薩聖誕日念佛自建會所爲謀於是森甫居士慨然大
心以身先其有之古棲隱寺同堂承啟李樸比丘方商同其光兄琴甫
之公子默基居士捐爲會址以資接侶一面由正會長監任法居彭少田余
振濟陳仲皓肅覺天江海芬如居士墊款向干建築一面由王森甫
彭玉田胡仲甫陳仲皓黃谷菴謝鏘陳孫自手孫文樵皮劍農蔣少廷
陳熙卿胡鎮湘史一飛劉俊之陳少甫熊雲程饒鳳池陳雲甫張錫
疇李銘池沔之甫趙鋼山龔琴刻生張善甫大孫其光吳静安陳炳翰
王蔭棠楊雪堂彭少田任濟臣馮志周洪晴舫饒聘卿羅潤生余振昇
周吉甫諸居士分途募捐逐節李悦諸居士彭玉田王森甫蕭仲皓鍾雲程徐季
余破隆開闢之初芬菁黃孝繹黃志成
胡德成
劉陽生
汪蓁堂
周亞芬
楊俊卿
侯鑄行
杜鳴慶

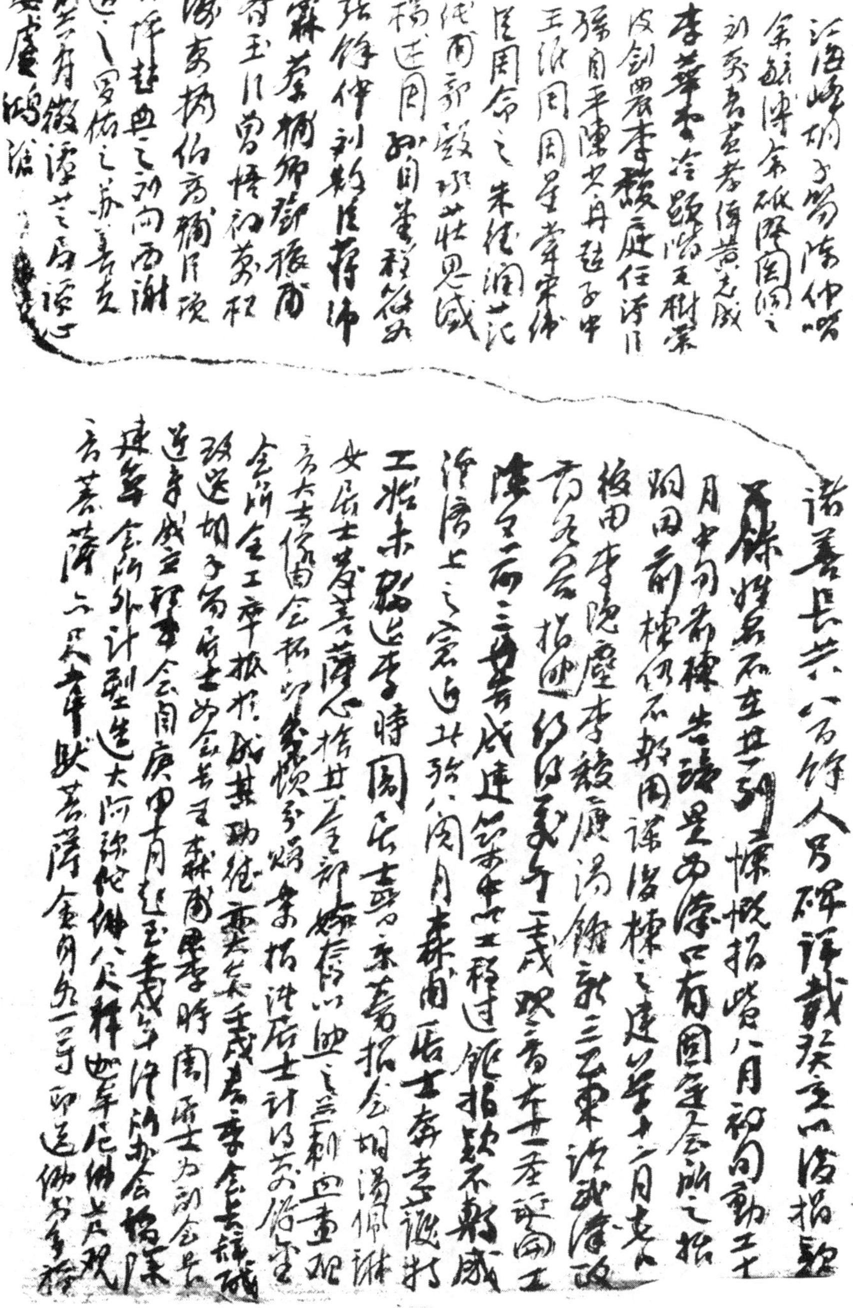

數量並一較設女居士林一所佛教會四所
念佛堂十處講經之處宣講無虛日按
引男女會員數千人等並立工廠一處少年居士
在廬山發起因後大林寺創少年佛教聯
合會此本會成立以後之大概情形也處云
林事何園西受李兩居士赴寶華山現比
丘相改選趙南田居士爲副會長推李
慧空居士爲財會理事創設宣教講習
所發行佛化報並設立佛會學校甲子九月
慧空居士辭表並壽居士繼之乙丑正月
李居士辭職孟田居楊選之兩居士繼之五月
趙南田居士捐資千元並多募捐款千餘
元將會所丹堊一新七月森甫居士發起
鑄六千斤銅鐘於本會西側隙餘奉

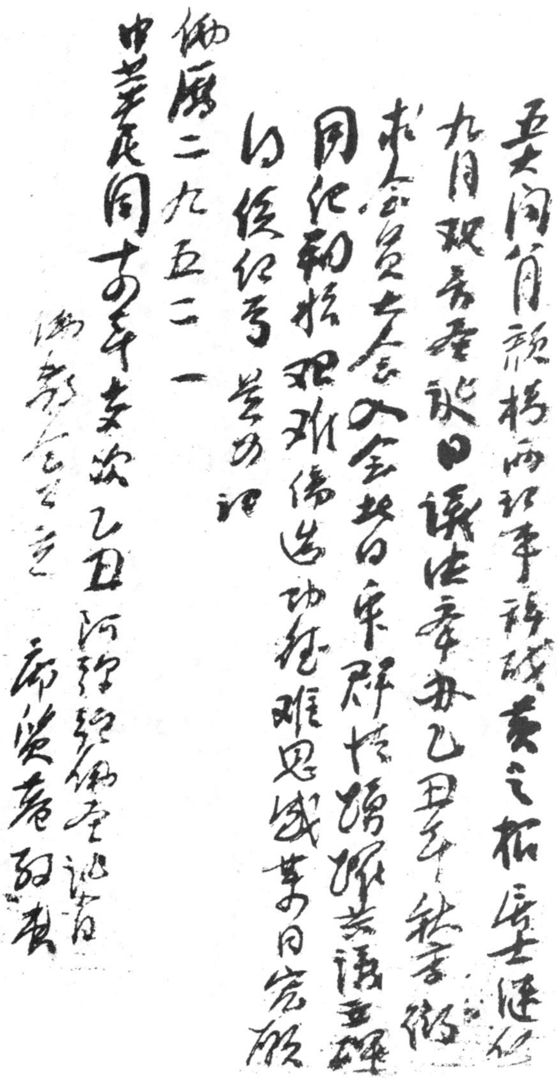

佛曆二九五二一

中華民國十四年歲次乙丑

江漢采風社徵漢口竹枝詞啟

黄岡　王鳳文華軒

江漢采風周召有二南之什歲時作記荊楚成一代之書自昔歌謠胥關文獻溯來民俗即繫盛衰況大江已變滄桑因緣辟成鴻雪河山有異風景漸非小劫雖過紅羊廿年將多蒼狗倘化之無隨手之筆墨將化去等過眼之雲烟凡我同人夙欽藻采爰同社課共倡竹枝擬例附叙選刊報紙

漢口豫成園記 在藥王廟之東廂

程東 耕雲

王足三間之屋只種梅花子山數畝之居略栽修竹豈不足卧雲受露借月支風特是卯壁廖廖未免右因愚厚池台苑之園應辭以肅名居僅容間樂剛宜獨至若華山清澗遊巖穴跳花關隱之中卜踞黃陂湛水木於喧囂之外瀟岳西城而發遥瞰晏嬰近市而契淵慶禊佳辰適足雅游上日每饒勝集莫不綃紈縭縩絲竹駢羅蒸梓澤之華奪燈辟彊之幽遂知不徒巢中日月以巢女樓遊壽觴尚虛公容與荷矣則有豫成園北為覃懷同人之譯傳所崇上庾公之別業也乃曉林禿字僕達芳園於藥之座而剖之思豫悟以勤劉禹

鐲而印如積華觀廓成十畝之間百步以外慧叟之園離垢閒闢畦町
太素之館道遥別有天地閒巒所其近嚴迺院疏窗其參差迤檐牙
以桐羊步廊腰而延佇玲瓏其構周匝而觀其為樓也紺樹錢楹朱甍
碧瓦摩天百尺踊空一榻鈴忽語而風交於簾卷句而月上桃閣則雲出岫
疊倚欄則長笛一聲聊以留仙茆撫拾鶴其為室也循修平以逕文甃重
扉之朱扃居或金鋪罘罳待合業為之房而穿窗條蘭作室而荊森
匡牀則焦尾橫成松脂歷洞鄰架則押頭參揩管黏常滸
深柳讀書木蘭撲梢微生虛白更旅逕者其為亭也長
短若連旁園不定於滕薜蘿代壁薜荔為墻入窗而相爽可
度半角而夕陽未斂裁問奇之酒月鈎成三雀喜雨之詩

張氏園 二

烟鴻其自の黏而家到蠟殿入登其高沿也半畝初開亭鶩
始張暠之斗收帽靈均澤畔之悲蒼之坡葭浴濛安深梁之
趣魚游映雲登島上樓烟花亂落以千紅峯倒映而一碧依擁
桃渡近遮闢鴨之欄行柳柳垣遠接陸鷗之飯黑字浣
硯蓮動荷裳翻虎難盈流遠而枕其高石也鄰了之皚之
之姿玫以他山石如終日一老漸漬靈照之陰怪爭聯數爲頓堆
疊巘之巑岏競秀和平比崐嶽來摩少年狀青女之俗翻叢
丈人之洞瘦蒼苔沿易踐綠蘿何拓環之奧窔條紅遠近其爲
樹也若許爲層新陰而作輪囷蔥蒨羃歷扶疏綠碧後檔
而雲深青雲後檔而霧重何處飛來鳥鵲不停方三此中巢

引鶴翻枝樓惟一槐花樸地有徑路黃榕叢滿庭戶無

天不緣陝長蟠而下歷亦右攖而右拿種松柏作龍鱗若竹

期閬風嵯峨而先陵自時風景常殊春則桃紅嫣如夏則蒼

綠滲秋則月媚山飯冬則雪擁林皋晴媚晚霞雨滴空翠四時

不改其景半日之得餘閒且抱雅襟特裳眼覶借山林以消塵務

亂衆石而路性靈況復招客投機瓜維桑與梓把衍華合席同飯而投

餐此地花間可班荊而道故人多舊雨樹有新烟大山小山春社秋社

酒旗戲鼓時吹櫻笋之筵丈帽影衣香偶趁歌聲之會江皋圖畫

山高水落那不合在吹柳岸羈旅之哥蔣生之三徑窗西如鄉買幼

典之一邱客來不速此固悅親戚之話成雍睦之風豈止

賢成國三

務游歡極宴樂已哉儻也居陳澤廣生本楚狀胸有千向家無二頃陂治城而懷想秋水而肥那遊於北園無踪我里因散伐木用占盍替向花而鳥使先逕看竹而主人具在蘭當佩叨陪北海之樽藏可浣無家游依西園之記

漢口白鶴洲茶社記

程秉耕雲

白鶴洲某茶社以主人王姓蹤跡類枝棲名曰市隱環之以堵治其
鄰地雖占以數弓齋廚更番未十勞生涯本淡非黃公賣酒之壚
笑語常謔豈白傅逃禪之社爰有息肩勢客聊以滌煩位是
勞人於焉療渴主人則呼童滌器命僕瀹泉空爐燒炽活瓶香
水活雅負七椀居然蒲座盧仝請試一椀不減當年顧渚雖
然家徒四壁恐類蕭然一屋僅三間載為四宜雨乃開池受月砌
石延雲四株五株之花三竿兩竿之竹况復米家畫舫藉可臥游周昉
屏風攲將閒倚廊以回而曲篠窗因敞而玲瓏佐晉人之清談設
桓氏之寒具暖風人醉合須茗飲三巡寒夜客來認取鐙盞之一點

蓑汀洲之寄託宛在中央抱蒼茫之芳馨何千家草我非
陸羽到來惟課茶經君是玉淵供給句曲水厄

募助後湖碑亭引　綠藉草堂集　張宏殿玉坡

茫茫澤國野水連天渺渺長堤洪濤匝地竹籬茅舍何堪任此飄搖土
壁荊扉豈足當其汩沒況兒啼婦泣卑溼難安浪打風摧起居未穩
層波浩浩將沉屈子之魂逝水滔滔幾作宓妃之宅窮愁莫訴
罩擣憐憂布斥言編中同志或贈花封之錢解俾清燈屑或脫
孔懷之兩勝方園容膝之寄出谷群欣秦土閣依桑梓許親喜
絢索縝密仰供俯蓄免嘆蓬飄夜寐夙興均叨機蔭露浚巢之鳥
不改冬枝而樓漏網之魚一稻幸有渡船避難仰宗姓之祓夾際比户之歡笑

按此文可知見後湖堤築之功

漢口西關帝廟春秋樓記

劉曾一

夫樓何以春秋名？曰：啟春秋係魯史，東周以遷，王綱欲墜，我孔子憫世君臣之道而不得已，而以宗魯并宗周，託春秋以見志。此春秋之所以有其書也。若漢自靈獻守府無異東遷，而當時漢統在蜀，我關夫子砥以存蜀并存漢，志春秋之志。此春秋之所以有其人也。漢陰（按即漢口之西北隅）秦蜀蒲君子建關夫子廟，後起危樓，規模宏麗，肖夫子讀春秋像於其上。此春秋之所以有其樓也。嗚呼！麟經一書，繫萬古綱常，當其時筆削獨斷，非利說游夏不能贊一詞，而公穀左胡僅得其窺者耶。我夫子以布衣起，戎行踐履於

金戈鐵馬之間而討賊大義如揭日月東魯心傳若合符節是也豈
必斤斤焉取二百年之史以授生徒咕嗶於其皓首一經摟遠而於往
帙討校實於殘篇也耶則夫子所讀之書謂魯春秋也可即謂漢春秋也
亦可吾因之重有慨矣當日周德雖衰而魯有聖人漢祚雖微而蜀
有夫子於斯時也洙泗而東周之志託諸空言荊州固守殫力而滅魏殲吳
竟毀遺恨豈天之所以位置聖人者獨此杏壇一席荊襄一隅者亦何
遭遇之窮如是耶今試登樓以望龜蛇夏口之間月明星稀檣帆聚而
賊尚猶有存焉者乎東指吳會彼樓船鐵鎖擁三世之業而據長江
之險其猶有存焉者乎嗟乎銅臺消烟吳宮埋草亦知數千百年後摩
盪日月倚杖乾坤巍然與魯之東山相峙而有此春秋樓者乎吾願
登斯樓者毋徒詠漢陽芳草與晴川黃鶴同為嬉遊眺望之旅蓋

所以作忠臣義士之氣，而非以供騷人墨士之娛。此春秋樓之所以有記也。或曰：夫子之神在天下，家尸戶祝，而必斯樓者，皆秦蜀人意有其私祝歟？余曰：不然。碧之日月，經天行海，同一道而挾桑梓崇奉之臣，吳楚信道夫子蜀人也，而秦與蜀鄰，亦若扶桑崑崙之民，雖不求私奉而得以習瞻日月於天下，莫得而踰也。我秦蜀人之於斯樓也，亦若是焉。云爾

叢鈔　繹保

雙烈碑事蹟 均在漢口後湖

漢口雙烈一為烈女殺賊處咸豐五年七月廿八日粵賊竄漢居民皆挈眷以逃烈女適遇賊於後湖之第五泉茶肆側賊艷女貌偪之甚女皇然若有所思旋笑曰諾但畏汝刃盡去諸賊去刃復逼之女曰刃則去矣奈尔衣濺血何賊遂脫衣見胸女乘賊不意搶賊刃刃賊胸賊死女亦自刎群賊掉舌不敢進同难婦女數十人悉藉以免時郭君退山之妾與其母亦在逃曾親見其狀遂與何君右田沈君海帆同樹碣於其地

一為烈女投江碑 女江夏人遺其姓字咸豐乙卯粵逆復竄漢皋女適於後湖值賊被掠入賊舟同舟女伴惟女姿首

從其群賊欲載至江左充僞妃逕女乘不備投江死是時邑人有隐賊共悲其事且言女死之前一日曾裂指血書被作長句惜詩不傳僅記篇首有生長朱門十九春之句蓋名門弱息多才而能取義者　嬾垣雜俎

漢口

前於武昌圍城載陳宧書聯語此尚爲諸生時撰也護
用知縣需次湖南署零陵縣四首候補知府新[illegible]
榜門曰閉門三日不問事花花[illegible]合此微政時趙渭卿
漢[illegible]爲湘藩過其門停輿歸視數爲集聯嵌定花門
聯[illegible]大加獎許旋委署溆浦縣知縣民國所居在漢
口[illegible]經租界三多里書帖爲寄家三多久經[illegible]一顧難
則又一是一樣口吻矣

長江上下游往來輪船多在漢口設公司記有某公司門前者聯曰中流擊楫大雅扶輪敞渾括典雅蓋過境名流代撰也

漢口在光緒間茶館林立小者不必數之其最結構雄壯
陳設富麗者尤以大觀涵芬二樓爲最涵芬樓
設在後湖水市府邊樓の硯氣象萬千中坐有
橋曰包含茶有大觀樓設在漢鎮正街凡三層大
臨江檻外有檻聯五見聯數書法秀勁六桌面
嵌玻璃中養金魚紅黑游泳好荇藻掩映如在池中茶葉與
涵芬樓所用同係龍井雀舌上品此外接塘嘴一帶則
有飛龍怡心各樓屋茶外兼售点心四民雜沓擁擠

其中猶有垣之有吳花上迴之有樓外樓如自洛來

陽夏兵事皆蕩燼矣

漢口地名正誤

漢口鎮今日地名以舊日稱謂之每音近而字義訛如集稼嘴韓即漫志所載之接駕嘴也鮑家巷即志稱之報駕巷也諸如此類不一而足世宗由安陸入京曾駐蹕漢口所経街巷居民欲表榮幸名接駕甘字范氏白所書設訛述又有訛曾註接家嘴為薛家嘴誤送駕坡為宋家嘴坡曰不一而足也

紀漢口火災

漢口火災歷來極多，然能一次俱所謂四官殿碑記可見
當時尚謂虎已夏至紀氏錯羅田王氏諸載記綜述之
則明清兩代圖史不絕書也。惟清末光緒丁酉漢口大火尚
有須補載。此時方就傅在衛垣先生批閱（雷古蒼人）福建菴殊及惡
逆往衛觀門懸為民富亦云甚越日歸曰汝曷文發於火矣
那夕火起上自沈家廟下迄草紙街四官殿一帶箱似推集人相枕
藉踐踏死者甚多此廣為華陽街其越過廟後來北為廣羅家河其上廣益
橋火及牛巫隊雖奔及禍是合館屋無燬，火燒牛[illegible]之處盡燬

掀館門先入館北人滿皆石階出至是皆亢焉誑富文原已逃出覓
虞夕庵得杜堂上晨於積尸中見有手持陽平睨記擢掀者而已焦爛柢捫
為序記未攫今草莽茂房就過江問硤火尚熾之之兒時坊景柱礫摭拾
偉圍北堂焉

熹平里

民國十五年前漢鎮有熹平里錢傑青醵貲建築費因湘封翁病逝於此里價宅錢幣見對字坐衛密搆園麗括戰裂此字名稱似已不甚於大治區為吉矣熹平為東漢靈帝紀元年號靈帝即位改元初為建寧次即熹平第三四次則光和中平此錄以證由來見蔡詩圖

按熹平里原為五福里又名熹平別墅門首三字額為寧鄉程頌萬所書則因錢業虧累此里為本人業歸蘇錢即為吉可惜已

鍾台學校

清末往滿春茶園觀劉輔信鍾台書院。羅田王氏漢口叢談曾記清末鍾台書院歷史及形勢，民國丁亥冬往遊，入門左側之廊內嵌有雷侍郎以誠詩序石刻四幅，似尚完好。中進祠龕有木主四，曰晉唐秘書監北海太守李公邕之神位，一曰宋參知政事謚文忠同三之神位，一曰明撫憲防江梅院子正公義甫之神位，橫額曰景三石杉，蓋初建書院時所立祀也。左側另立一位，曰清刑部侍郎同治侍郎雷公以誠之神位，則民國後補立。此處有楹聯一，皆毀。

侍郎撰書其間。今早設書院爲學校，生徒約四百人，咸寧以稍增二十名。譬如書院本旅漢咸寧籍商家出貲又建，今改爲學校，其一切經費仍由咸寧在漢商民捐輸，而本省籍學額從前少數，僑民但系陸續設此學校，以免財兵耳。其咸寧旅漢同鄉會亦設于內。抗戰淪陷已久，幸得保存，可無負倡建人苦心矣。

漢口書家

清末民初漢口書家有黄陂張家瀛、鄧誠、陳天爵、吉口李善蘭、李昌鑒。張家瀛字森民，專精聖教序，參以瘞鶴銘，取神遺貌，腕力又足以達之，寫市招者出色當行。李氣象渾沉雄，與文周紀折矩大衛，布置其書如天章字照曾以折之，著力歐之間，架參以碑版，自成一體，對聯序偶，甚村氣，道勁。鄧（注）畢見者，賞目心善。陳字枚卜，以學鍾王得神。光緒二十年前後，漢皐時見所書，字佈後天，惟以示請求可量。操未及中年可爲，是其弟，名字速商，健遒反俸書集粹，徐季罕者，當時尚有故書者，粹一時漢口店招爲

時見所書扇幅每書籍題簽可窺一斑也至陽明汪洞識
陳修楠凡大鋁樓去年茲遊時娓為汪書隱附條幅及
汪詞字湘若陽明人以進士出身入翰林未久即由[illegible]
修楠亦居其家未得上市招請接待由後店鋪求寄書
往去得者就有人在得書家所未見要以得請二者等為最
多耳

西園

前清漢陽李華堂別業因地在梅之西故名初建規模不大然樓華麗曲折入門即見硃漆紅柱院中堆有假山及太湖石等過長廊為船廳廳上有樓取名望湖大道今多傾廢其中民國十五年[illegible]蕭耀南北省長在此接印照極一時之盛國民政府時代將改為中山公園焉

漢口叢談跋

漢陽周貞亮子幹

漢口叢談六卷，烏程范鍇白舫撰。白舫，烏程南潯鎮人，博學
工詩詞，生平撰述甚富。南潯鎮志有傳，嘉道間名家學者也，甚識
入流寓。叢談一書亦列目著述中。其書序次雅贍，言水道數十條，尤能
確而擬[?]。早歲嘗於同里熊璐卿先生許見之，每讀過未及借鈔。二十年
來訪求不獲。近聞廠肆間有其書，猶為外人爭值收去，吾鄉人轉不易得。
比歲始出示人，假與同邑李墨樵侍讀，假後相與太息。侍讀適有藏本，
因得假歸，再讀一過，尋其刻板年月，題道光壬午，距今已及百年，所言
風景人物，猶是乾嘉以前舊蹟，為近人所不盡知，而亦今世居漢口者所不可不

詳考也因印録副備刊用廣流布也刻爲程陸諸見以夢花亭駢文中
有此書序文甚工麗刊本失之補録卷端俾成完帙餘悉一傳及
著述目録并録附於後庶覽者得以考云辛酉四月漢陽周貞亮
退舟識於京師鐵樹挪琱之寓居

夏口縣志弁言

李哲明

考之漢志武都注云東漢水受氐道水一名沔過江夏謂之夏水入江夏口得名以此即春秋傳之夏汭本在江北自吳大帝築城黃鵠山東北名夏口夏口之稱乃移江南而漢水所出專名沔口何尚之因謂夏口在荊江中正對沔口其實沔口即夏口也齊梁間曰漢口常為兵衝隋唐以還率隸漢陽號巨鎮以迄於今前清光緒二十五年張文襄公設專廳自改後廢廳設縣至歲甲寅開清史館於京師符徵各省方志一時省縣諸志咸事撰輯子晉刺史要我以資糧匠史而

夏口亦於是稱焉董其役者爲呂蕤村廣文廣文邑耆宿也
先是廣文撫纂大凡兩稿參稚(?)愛而讀之綱目粲然如某類
兼及郡外圖照於時俗証古而切今難何能遍[illegible]後屢[illegible]預
茲事顧重以廣文之勤自顧信不啻謂余甚善下如是即又安得罔
其營構之見以貞看其謹謹之公因匿(?)其稿而藏所疑附質之初
未審其有當焉否也自是時余亦如謝榮泽(?)纂修(?)廣文
近任之裏輯越再歲張廠(?)峻(?)將身梓矣廣某弁言於義
更無可辭竊以謂夏口爲邑綰九達之衢舟車擊轂互材賦流輸
商國也臨江上游霸戎横鶩又兵地也此其關係訓(?)曰例已揭

禁於荷無供爲畊捋蛇足之論其餘件繫條列廉示一二詳
亦惟羣朋緣指与友編訂首託之無有閣爲此述其梗略而
已抑王仲宣有言鍾儀幽而楚奏莊舄顯而越吟某生既是
邦不幸而丧乱流離無一椽自庇爲之歸路周爾鄉土之感豈
絶於心今且衡湘適乱至此一不堪鋒燹之擾滌口尤岌岌其憤
慨当復何如况乎緊旋其向風鶴怏逼朝警夕惊其能無虜
皇慈斯捲卷而不能自已於是文安忍言也庚申仲春五月前翰林
院侍讀邑人李哲阅

流寓

漢口從前爲荒洲，原居土著本斯，後因五方雜處，不乏名流，略載姓名，前加附注，柳爲一表，以志且其詳云。

姓名	別號	原籍
張宏殿	玉坡	歙
項大德	立上	歙
吳邦治	元康	歙
曾震	秫田	南豐
畢花薑	展叔	休寧

附考

華有保器草堂集

華有柳青集

與程賓青都爲早稱漢上三老

葛遊從學以畫北名士從

辛人和求與孫威澤

吴求	磬堂	歙	客漢數十年，有詩數千首
魯星邨		懷寧	著盛唐人集
夏雨	石癯	江西	著烟鬟閣詩草
孫漢	悼雲	休寧	侍御史，著春生閣詩草
林梧鳳	琴庵	儀徵	客漢久，工吟咏
黄承塘	心盦	歙	著漢口叢志十三卷
曹侍焯	曙陶	歙	
鮑兆瑜	篛莊	歙	以鹾業家漢，好風雅
洪檀	蕑林		業鹽漢上，居仁坊，構有雅園
何斌	卓然	九江	工詩，名家漢皋